西北工业大学·思想政治理论课系列辅导教材

ZHONGGUO JINXIANDAISHI GANGYAO JIAOXUE FUDAO

中国近现代史纲要 教学辅导

（第2版）

西北工业大学马克思主义学院　组编

本册主编　樊明方

西北工业大学出版社

图书在版编目(CIP)数据

中国近现代史纲要教学辅导/西北工业大学马克思主义学院组编.—2版.—西安:西北工业大学出版社,2016.8
 ISBN 978-7-5612-5035-8

Ⅰ.①中… Ⅱ.①西… Ⅲ.①中国历史—近现代—高等学校—教学参考资料 Ⅳ.①K25

中国版本图书馆CIP数据核字(2016)第205991号

出版发行：西北工业大学出版社
通信地址：西安市友谊西路127号　　邮编:710072
电　　话：(029)88493844　　88491757
网　　址：www.nwpup.com
印　刷　者：陕西向阳印务有限公司
开　　本：787 mm×1 092 mm　　1/16
印　　张：5.75
字　　数：90千字
版　　次：2016年8月第2版　　2016年8月第1次印刷
定　　价：12.00元

思想政治理论课系列辅导教材

编 委 会

主　　任：丁社教
副 主 任：高旭红
编　　委：（按姓氏笔画排列）
　　　　　丁社教　陈诚平　高旭红
　　　　　高宝营　曹　瑜　樊明方

本册主编：樊明方
编　　者：樊明方　杨冰郁　王欣瑞
　　　　　张婧文　马新蕊

序

为了全面贯彻落实中共中央、国务院《关于进一步加强和改进大学生思想政治教育的意见》（中发[2004]16号文件）和《普通高校思想政治理论课建设体系创新计划》（教社科[2015]2号）精神，充分发挥思想政治理论课在大学生思想政治教育中的主渠道、主阵地作用，遵照中共中央宣传部、教育部《关于进一步加强和改进高等学校思想政治理论课的意见》（教社政[2005]5号）、《〈关于进一步加强和改进高等学校思想政治理论课的意见〉实施方案》（教社政[2005]9号），以及中共陕西省委宣传部、省教育工委和省教育厅《关于加强和改进高等学校思想政治理论课的实施意见》（陕教工[2008]32号）等文件精神，在学校的大力支持下，西北工业大学马克思主义学院组织任课教师编写了"马克思主义基本原理""毛泽东思想和中国特色社会主义理论体系概论""中国近现代史纲要""思想道德修养与法律基础"等4门思想政治理论主干课程的教学辅导教材发放给全校学生试用，在此基础上经过修订和完善，现正式出版。

本系列教学辅导书均由"学习要点与知识拓展""答疑解惑""自主测试"等模块组成。在"学习要点与知识拓展"部分，运用框架图勾勒出本章所涉及的知识点和学习要点，并结合本章的重点和难点，提供拓展性的学习素材；在"答疑解惑"部分，针对教材中不甚明确或深刻的内容，给出对有关重要问题的解答或解释，使学生能够更加准确地领会、掌握课堂讲授的知识并灵活运用；"自主测试"部分包括单项选择题、多项选择题、辨析题、材料分析题、论述题等题型，有助于学生进行课堂基础知识的自我测试，提升探究学习的兴趣，提高运用所学知识分析、解决实际问题的能力。

组织编写本系列教学辅导书，旨在帮助大学生更好地认识、理解和掌握各门思想政治理论课程的主要内容,促进大学生思想政治素质的有效提高,引导大学生树立科学的世界观和历史观、正确的人生观、积极向上的价值观。

本系列教学辅导书是西北工业大学思想政治理论课教师努力进行教学改革、提高教学效果的一次尝试。在教学辅导的编写过程中,学校有关领导及部门给予了大力的指导和帮助,发展规划处处长张近乐教授(原思想政治理论教学科研部主任)长期关心思想政治理论课的教学改革,在此一并致谢。

编写本书曾参阅了相关文献、资料,在此对相关作者深表谢意。

我们相信,有了学校的持续支持,有了全体思想政治理论课教师的不懈努力,思想政治理论课一定会早日成为大学生"真心喜爱,终身受益,毕生难忘"的优秀课程。

思想政治理论课系列辅导教材编委会
2016 年 8 月

目　录

第一章　反对外国侵略的斗争 ··· 1

　　第一部分　学习要点与知识拓展 ·· 1
　　第二部分　答疑解惑 ·· 3
　　第三部分　自主测试 ·· 4

第二章　对国家出路的早期探索 ·· 9

　　第一部分　学习要点与知识拓展 ·· 9
　　第二部分　答疑解惑 ·· 11
　　第三部分　自主测试 ·· 12

第三章　辛亥革命与君主专制制度的终结 ·· 16

　　第一部分　学习要点与知识拓展 ·· 16
　　第二部分　答疑解惑 ·· 18
　　第三部分　自主测试 ·· 19

第四章　开天辟地的大事变 ·· 24

　　第一部分　学习要点与知识拓展 ·· 24
　　第二部分　答疑解惑 ·· 26
　　第三部分　自主测试 ·· 27

第五章　中国革命的新道路 ·· 32

　　第一部分　学习要点与知识拓展 ·· 32
　　第二部分　答疑解惑 ·· 34
　　第三部分　自主测试 ·· 35

第六章　中华民族的抗日战争 ··· 41

　　第一部分　学习要点与知识拓展 ·· 41

第二部分　答疑解惑 …………………………………………………… 43
　　第三部分　自主测试 …………………………………………………… 44

第七章　为新中国而奋斗 …………………………………………………… 48
　　第一部分　学习要点与知识拓展 ……………………………………… 48
　　第二部分　答疑解惑 …………………………………………………… 50
　　第三部分　自主测试 …………………………………………………… 51

第八章　社会主义基本制度在中国的确立 ………………………………… 56
　　第一部分　学习要点与知识拓展 ……………………………………… 56
　　第二部分　答疑解惑 …………………………………………………… 59
　　第三部分　自主测试 …………………………………………………… 59

第九章　社会主义建设在探索中曲折发展 ………………………………… 65
　　第一部分　学习要点与知识拓展 ……………………………………… 65
　　第二部分　答疑解惑 …………………………………………………… 68
　　第三部分　自主测试 …………………………………………………… 68

第十章　改革开放与现代化建设新时期 …………………………………… 74
　　第一部分　学习要点与知识拓展 ……………………………………… 74
　　第二部分　答疑解惑 …………………………………………………… 77
　　第三部分　自主测试 …………………………………………………… 79

第一章 反对外国侵略的斗争

第一部分 学习要点与知识拓展

一、学习要点

1. 学习目的

了解鸦片战争前的中国与世界，了解近代中国社会的半殖民地半封建社会性质及其主要矛盾和基本特征；了解中华民族在近代的两大历史任务及其相互关系；认识造成近代中国社会落后贫困的根本原因；了解近代中国人民抵御外国侵略的斗争历史，了解近代中国历次反侵略战争失败的根本原因，继承和发扬以爱国主义为核心的民族精神。

2. 学习重点

中华民族在近代面临的两大历史任务及其相互关系。

近代中国历次反侵略战争失败的原因。

3. 学习难点

鸦片战争前的中国与世界。

造成近代中国社会落后贫困的根本原因。

4. 本章知识体系结构

本章知识体系结构如图1.1所示。

二、知识拓展

1. 知识之窗

日本通过借款攫取汉冶萍公司

汉冶萍公司是以湖北汉阳铁厂、大冶铁矿和江西萍乡煤矿为主干组成的中国近代最早的钢铁煤炭联合企业。其规模大、铁质佳，一度获得了令世界瞩目的成就。汉冶萍生产的生铁质量被"欧美行家称为极品"，远销海外；其所生产的钢轨、桥料

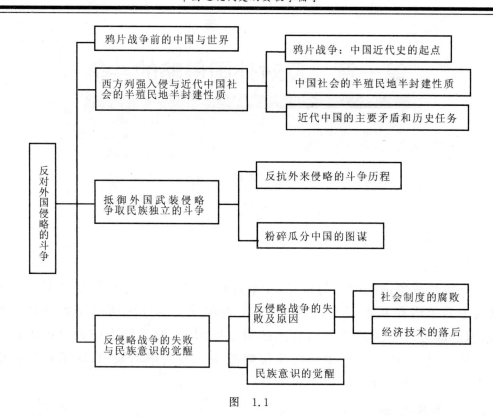

图 1.1

等,不仅有广阔的国内市场,美国、日本、香港等地也纷纷来求购。但是资本不足的难题长期困扰着汉冶萍。清政府既要支付巨额庚子赔款,又背负着外债还本付息的沉重包袱,不能对汉冶萍追加投资。1908年汉冶萍改为商办,尽管20世纪初汉冶萍公司成效卓著,但是社会上对公司的投资并不像公司主持人盛宣怀所期望的那样"踊跃"。盛宣怀等人转而依赖外资。据统计,清末1903—1911年汉冶萍借日债15笔,共有3 200万日元和400多万两白银。日本因为其国内钢铁工业的发展缺乏铁矿等原料,就利用汉冶萍借外债的机会,把它们的势力逐步渗透进来。

1904年由日本兴业银行经手向汉冶萍提供了300万日元的"预售矿石借款",借款《合同》从若干方面制约了大冶铁矿与汉阳铁厂的活动。1910年又与汉冶萍草签"预借生铁价值借款"合同,次年3月签订了正式合同。合同规定由日本横滨正金银行向汉冶萍贷放600万日元借款,年息六厘,以15年为期;规定了在这15年每年汉冶萍作为还债向日本提供的生铁数量、质量和价格,及每年增加供应的矿石数量。通过这次借款,日本势力进一步加强了对汉冶萍的控制。1913年,又由日本内阁会议决定由横滨正金银行贷给汉冶萍公司1 500万日元,规定还贷期限为40年,还本付息主要以铁矿石及生铁购价充当,并以汉冶萍公司的全部财产为担保,由日本政府推荐日本人为汉冶萍公司采矿技术顾问和会计顾问,从而使汉冶萍公司从生产到经营的一切重要活动都必须听从日本势力。

汉冶萍公司原以生产钢轨、钢料为主,后来逐步变为以采矿石及炼生铁为主。汉冶萍公司向日本提供原料的价格与市场价格相差很远。以生铁为例,1918年日本东京生铁市场价格达到每吨480日元,而汉冶萍公司输往日本的生铁受借款合同所定价格的约束,每吨只有36日元。后经公司多次交涉,才略有增加,但也只有市价的四分之一。仅1914—1918年五年内,公司输日价格与市价的差额估计约1亿日元。1915年孙宝琦任汉冶萍公司董事长时,鉴于日债使公司吃亏太大,曾打算募集内债提前偿还日债。日方马上做出反应,不许汉冶萍提前还债。日本八幡制铁所利润率1913年时为11.4%,到1918年时已递增为112.6%,增幅如此之大,其中很大一部分是来自汉冶萍低价提供的矿石和生铁的转化。在日本借款压力下,公司经营实际由日本人操纵,汉冶萍公司沦为专门为日本开采铁矿石的殖民地性质的企业。

——摘自刘克祥,陈争平:《中国近代经济史简编》,
浙江人民出版社,1999年版,第249~251页,略有删减

注:甲午战争以后,资本-帝国主义纷纷向清政府贷款,但每一笔贷款都包含着政治与经济目的。这段日本通过贷款控制汉冶萍公司的资料就充分说明了这个问题。

2.阅读书目
[1]袁行霈,严文明,张传玺,等.中华文明史.北京:北京大学出版社,2006.
[2]丁名楠,等.帝国主义侵华史.第一卷.北京:人民出版社,1961.
[3]丁名楠,等.帝国主义侵华史.第二卷.北京:人民出版社,1986.
[4]陈旭麓.近代中国社会的新陈代谢.上海:上海人民出版社,1992.
[5]共同编写委员会.东亚三国的近现代史.北京:社会科学文献出版社,2005.

第二部分 答疑解惑

1.为什么说鸦片战争是中国近代史的起点?
答案要点:
第一,鸦片战争使中国社会发生质的变化。战前,中国在政治上是一个独立

自主的国家;战后,中国的领土、司法、关税等主权遭到严重破坏,变成一个不完全独立的国家,开始沦为半殖民地。战前,中国在经济上是一个以小农经济为主的自给自足的封建国家;战后,中国封建自然经济逐渐解体,逐渐成为西方资本主义国家的商品市场和原料产地,封建的中国逐步变成了半封建的中国。第二,鸦片战争使中国社会的主要矛盾发生变化。第三,鸦片战争使中国人民革命的任务发生变化。

2. 如何理解中华民族在近代的两大历史任务及其相互关系?

答案要点:

争取民族独立人民解放和实现国家富强、人民共同富裕这两个任务,内容不同但密切相关,完成前一任务是为后一任务扫清障碍,创造必要的前提。只有通过革命争得民族独立、人民获得解放以后,中国人民才有可能集中力量进行现代化建设,实现国家的繁荣富强和人民的共同富裕。

3. 中国近代历次反侵略战争失败的根本原因和教训是什么?

答案要点:

失败的根本原因有两条:①社会制度腐败。国家的政治组织能力很弱,政府得不到人民的坚决支持,不能广泛动员和组织人民群众去进行胜利的反侵略战争。②经济技术落后。国家综合实力不强,军事装备落后,军队作战能力弱,难以给敌人以致命的打击。

历史教训是:腐败导致失败、落后就要挨打;必须建立先进的社会制度,要进行制度创新;必须大力发展先进生产力、富国强兵。

第三部分 自 主 测 试

一、单项选择题(下列每题给出的四个选项中,只有一个选项符合题目要求)

1. 把乌苏里江以东约 40 万平方公里中国领土划归俄国的是( )。

A. 1858 年签订的中俄《瑷珲条约》

B. 1860 年签订的中俄《北京条约》

C. 1864 年签订的中俄《勘分西北界约记》

D. 1881 年签订的中俄《改订伊犁条约》

2. 赔款最多的不平等条约是( )。

A. 1860 年中英《北京条约》　　　　B. 1876 年中英《烟台条约》

C. 1895年中日《马关条约》　　　D.《辛丑条约》

3. 1843年,魏源编成《海国图志》。他在书中写道:"是书何以作？曰为以夷攻夷而作,为以夷款夷而作,为师夷长技以制夷而作。"魏源所说的夷之"长技"主要是指西方的(　　)。

　　A. 民主和政治制度　　　　　B. 教育和人才培养
　　C. 军事和科学技术　　　　　D. 宗教和思想文化

4. 近代中国,一些爱国人士提出过工业救国、教育救国、科学救国等主张,并为此进行过努力,但这些主张并不能从根本上给濒临危亡的中国指明正确的出路,这是因为他们没有认识到(　　)。

　　A. 争取民族独立和人民解放是实现民族复兴的前提
　　B. 中国已经被卷入世界资本主义经济体系和世界市场中
　　C. 中国是一个经济政治发展不平衡的国家
　　D. 资本主义制度已经过时

5. 1840年鸦片战争以后,中国遭受西方列强"坚船利炮"的欺凌不断加深,中华民族面临生死存亡的形势也日益严峻,中国"睡狮"在西方列强的隆隆炮声中渐渐苏醒。促使中国人民的民族意识开始普遍觉醒的重大事件是(　　)。

　　A. 中法战争　　　　　　　　B. 中日甲午战争
　　C. 八国联军侵华战争　　　　D. 日本全面侵华战争

二、多项选择题(下列每题给出的几个选项中,至少有两个选项符合题目要求)

1. 中英《南京条约》签订后,美、法趁火打劫,相继逼迫清政府签订的不平等条约有(　　)。

　　A.《虎门条约》　　　　　　B.《望厦条约》
　　C.《黄埔条约》　　　　　　D.《天津条约》

2. 甲午,对中国人民和中华民族具有特殊含义,在我国近代史上也具有特殊含义。1894年7月,日本发动甲午战争,清朝在战争中战败。这场战争对中国的影响主要有(　　)。

　　A. 中国海关的行政权落入外国人手中
　　B. 中国人开始有了普遍的民族意识觉醒
　　C. 台湾被日本侵占
　　D. 帝国主义列强掀起瓜分中国的狂潮

3. 甲午战争以后列强纷纷在中国强设租借地并划分势力范围,这些租借地包括( )。

A. 德国强租的山东的胶州湾

B. 沙俄强租的辽东半岛的旅顺口、大连湾

C. 法国强租的广州湾

D. 英国强租的香港岛对岸九龙半岛南端和昂船洲

4. 近代中国社会的主要矛盾有( )。

A. 地主阶级和农民阶级的矛盾　　B. 资产阶级和无产阶级的矛盾

C. 帝国主义和中华民族的矛盾　　D. 封建主义和人民大众的矛盾

5. 近代中国工人阶级的特点是( )。

A. 身受三重压迫　　　　　　　　B. 人数不多却是中国新生产力的代表

C. 组织纪律性强、集中、团结　　D. 与广大农民有着天然联系

三、辨析题(判断正误并说明理由)

1. 鸦片战争和中英《南京条约》之签订,标志着中国半殖民地半封建社会的正式形成。

2. 中国民族资产阶级与外国资本主义和本国封建势力之间,既有对立的一面,又有依附的一面,这种情况决定了中国民族资产阶级在政治上有两面性,既有革命性的一面,又有反革命性的一面。

四、材料分析题(阅读下列材料,结合所学知识分析材料并回答问题)

材料1

为不共戴天誓灭英夷事:向来英夷屡不安分,久犯天朝。昔攻沙角炮台,残害官兵。……犹复包藏祸心,深入重地,施放火箭,烧害民居,攻及城池,……扰乱村庄,抢我耕牛,伤我田禾,坏我祖坟,淫辱妇女,鬼神共怒,天地难容。……是以饱德之义士金助兵粮,荷锄之农夫操戈御敌……尔等不避,不日交战。为此特示。

材料2

道光二十一年四月十日,逆夷过牛栏冈抢劫,锣声不绝,八十余乡,执旗而至。不转眼间,来众数万。刀斧犁锄,在手即成军器,儿童妇女,喊声亦助军威。斯时也,重重迭迭,漫山遍野,已将夷兵围在垓心矣。……四面皆田,雨后泥泞土滑,夷兵寸步难行,水勇及乡民,遂分头截杀。……乡民杀得夷兵二百余名。

结合材料回答以下问题:

(1)道光二十一年是公元何年?这两个材料反映了中国近代史上的什么事件?

(2)这个事件是什么性质的事件?事件说明了什么?

五、论述题

资本-帝国主义的入侵给中国带来了什么?

第二章　对国家出路的早期探索

第一部分　学习要点与知识拓展

一、学习要点

1. 学习目的

通过学习太平天国运动、洋务运动和维新运动的兴起及失败，了解近代中国的志士仁人如何扛起救亡图存、振兴中华的爱国主义大旗，历尽艰辛，多方求索挽救中华民族危亡的道路。认识到农民阶级、地主阶级洋务派和资产阶级维新派都不可能使中国真正实现民族独立和国家富强，理解无产阶级领导中国革命走向胜利的必然性。

2. 学习重点

《天朝田亩制度》和《资政新篇》的比较与评价。

洋务运动、维新运动的性质与失败原因。

3. 学习难点

理解农民阶级、地主阶级和资产阶级都不可能领导中国走向民族独立和国家富强。

4. 本章知识体系结构

本章知识体系结构如图2.1所示。

二、知识拓展

1. 知识之窗

梁启超

梁启超是戊戌变法领导人之一，是我国19世纪与20世纪之交资产阶级维新派的著名宣传鼓动家、启蒙思想家、资产阶级宣传家、教育家、史学家和文学家，是戊戌变法（百日维新）领袖之一。他曾倡导文体改良的"诗界革命"和"小说界革

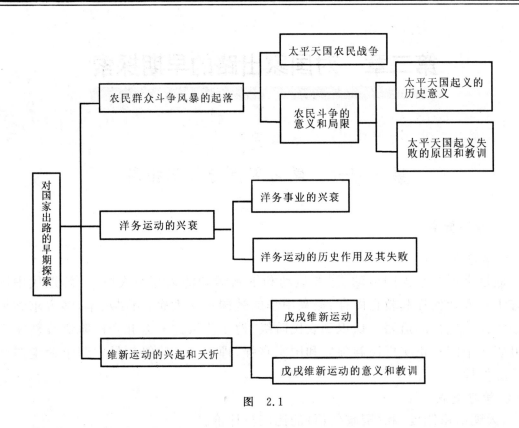

图 2.1

命"，其著作合编为《饮冰室合集》。

他是一个完全符合我们对天才定义的人物：6岁学完五经，9岁能够写千字文章，12岁中秀才，17岁中举人。中举时的主考官以为梁启超"国士无双"，竟然打破门第观念的束缚，把自己的堂妹许配给梁启超做妻子，这是古老中国表示对一个人的欣赏的最高礼遇。

戊戌变法失败后，他东渡日本，先后创办《清议报》和《新民丛报》，鼓吹改良，反对革命。同时也大量介绍西方社会政治学说，在当时的知识分子中影响很大。辛亥革命后，一度支持袁世凯，将民主党与共和党、统一党合并，改建进步党，与国民党争夺政治权力。1917年后退出政坛，次年赴欧，回国之后，即宣扬西方文明已经破产，主张光大传统文化。

他在学术研究方面涉猎广泛，在哲学、文学、史学、经学、法学、伦理学、宗教学等领域，均有建树，以史学研究成绩最著。其文章风格，世称"新文体"。胡适说："梁先生的文章……使读者不能不跟着他走，不能不跟着他想！""新文体"是五四以前最受欢迎、模仿者最多的文体，而且至今仍然值得学习和研究。

——以上梁启超传记部分根据杨天宏的《新民之梦——梁启超传》(四川人民出版社,1995年版)改编而成,梁启超研究部分则根据夏晓虹的"作为政治家的梁启超——梁启超研究导论之一"(《云梦学刊》,2008年第5期)汇编而成。

2.阅读书目

[1]孔飞力.中华帝国晚期的叛乱及其敌人:1796—1864年的军事化与社会结构[M].北京:中国社会科学出版社,1990.

[2]周锡瑞.义和团运动的起源[M].南京:江苏人民出版社,2005.

[3]李一氓.洋务运动·戊戌变法·辛亥革命.光明日报,1981-09-13.

[4]罗尔纲.太平天国史.北京:中华书局,1991.

[5]茅海建.戊戌变法史事考.上海:三联书店,2005.

[6]汤志钧.戊戌变法史.修订本.上海:上海社会科学出版社,2003.

第二部分 答疑解惑

1.如何认识太平天国农民战争的意义?

答案要点:

太平天国起义虽然失败了,但具有重大的历史意义:第一,沉重打击了封建统治阶级,强烈撼动了清政府的统治根基。第二,是中国旧式农民战争的最高峰。第三,冲击了孔子和儒家经典的正统权威。第四,有力地打击了外国侵略势力。第五,冲击了西方殖民主义者在亚洲的统治。

2.如何认识洋务运动失败的原因?

答案要点:

洋务运动失败的原因主要是:第一,洋务运动具有封建性。第二,洋务运动对外国具有依赖性。第三,洋务企业的管理具有腐朽性。正因为以上原因,洋务运动不能避免最终失败的命运。

3.戊戌维新运动失败的原因和教训是什么?

答案要点:

失败原因:第一,不敢否定封建主义。第二,对帝国主义抱有幻想。第三,惧怕人民群众。

教训:戊戌维新运动的失败说明在半殖民地半封建的旧中国,企图通过统治者走自上而下的改良道路,是根本行不通的。

第三部分 自主测试

一、单项选择题（下列每题给出的四个选项中，只有一个选项符合题目要求）

1. 太平天国起义是中国旧式农民战争的最高峰的主要依据是（　　）。
   A. 组织了强大的武装　　　　　　B. 其规模和延续时间均属空前
   C. 颁布了《天朝田亩制度》　　　D. 承担了反封建反侵略的任务

2. 戊戌变法运动的性质是（　　）。
   A. 资产阶级领导的反帝爱国运动　　B. 资产阶级领导的反封建运动
   C. 洋务运动的继续　　　　　　　　D. 资产阶级性质的政治改良运动

3. 较早通过翻译西方著作向中国介绍西方社会进化论的是（　　）。
   A. 严复　　　　　　　　　　B. 梁启超
   C. 康有为　　　　　　　　　D. 谭嗣同

4. 把西方资本主义的政治学说同传统的儒家思想结合，宣传维新变法的道理。这反映出的根本问题是（　　）。
   A. 中国的封建顽固势力相当强大　　B. 中国民族资产阶级具有软弱性
   C. 中国的封建传统思想根深蒂固　　D. 中国民族资产阶级日趋成熟

5. 晚清有御史上奏折称"近日人心浮动，民主民权之说日益猖獗。若准各省纷纷立会，恐闻风而起，其患不可胜言"。这个奏折针对的是（　　）。
   A. 太平军　　　　　　　　　B. 洋务派
   C. 维新派　　　　　　　　　D. 义和团

二、多项选择题（下列每题给出的几个选项中，至少有两个选项符合题目要求）

1. 第二次鸦片战争后，清朝统治集团内部一部分人震惊于列强的"船坚炮利"，主张学习西方以求"自强"，洋务运动由此兴起。洋务运动的一个重要内容就是创办新式学堂，主要有（　　）。
   A. 翻译学堂　　　　　　　　B. 工艺学堂
   C. 军事学堂　　　　　　　　D. 法政学堂

2. 十九世纪下半叶，以自强求富为目标的洋务运动历时30年，最终失败的重要原因是（　　）。
   A. 指导思想的封建性　　　　B. 对外具有依赖性

C. 民主阶级的荒谬性　　　　　D. 民族资产阶级的腐朽性

3. 维新派与守旧派论战的议题包括(　　)。
  A. 要不要变法
  B. 要不要兴民权、设议院,实行君主立宪
  C. 要不要废八股、改科举和兴西学
  D. 要不要建立新式陆海军

4. 与以往的农民战争相比,太平天国运动新的特点表现在(　　)。
  A. 运动规模空前巨大
  B. 反封建同时反侵略
  C. 《天朝田亩制度》的平均主义理想
  D. 《资政新篇》的资本主义色彩
  E. 彻底的反封建性

5. 下列关于林则徐、魏源等倡导新思想的代表人物的评述,正确的是(　　)。
  A. 都是地主阶级开明知识分子　　B. 其思想都带有鲜明的时代特点
  C. 都主张放眼世界、探索救国之路　　D. 都未能完全冲破封建思想的牢笼
  E. 都主张不仅学习西方的技术,还要效法政治制度

三、辨析题(判断正误并说明理由)

1. 《资政新篇》是反映农民平均主义理想的反封建纲领。
2. 洋务运动是清朝封建统治阶级中的洋务派为了维护清朝的封建统治而实行的一场自救改革运动。

四、材料分析题(阅读下列材料,结合所学知识分析材料并回答问题)

材料1

张之洞说,"民权之说,无一益而有百害。""无益者一:将立议院欤?中国士民至今安于固陋者尚多,环球之大势不知,国家之经制不晓,外国兴学、立政、练兵、制器之要不闻,即聚胶胶扰扰之人于一室,明者一,暗者百,游谈呓语,将焉用之?且外国筹款等事重在下议院,立法等事重在上议院,故必家有中资者乃得举议员。今华商素鲜巨资,华民又无远志,议及大举筹饷,必皆推委默息,议与不议等耳。"

材料2

谭嗣同说,"生民之初,本无所谓君臣,则皆民也。民不能相治,亦不暇治,于是共举一民为君。""夫曰共举之,则因有民而后有君;君末也,民本也。"

材料3

严复说,"国者,斯民之公产也。王侯将相者,通国之公仆隶也。"

结合材料回答以下问题:

(1)张之洞为何认为民权无益?

(2)参考材料2,3,说明维新派在政治体制改革方面的立场何在?

(3)结合材料1,2,3,说明维新派和守旧派论战的实质是什么?

五、论述题

近代以来先进的中国人对国家出路的早期探索失败的原因及教训是什么?

第三章 辛亥革命与君主专制制度的终结

第一部分 学习要点与知识拓展

一、学习要点

1. 学习目的

了解辛亥革命爆发的历史条件;掌握资产阶级革命派的主要活动、基本理论及其与改良派论战的基本情况;分析辛亥革命的历史意义与失败原因,引导学生对辛亥革命进行正确认识和正确评价,增强爱国主义意识和历史使命感。

2. 学习重点

辛亥革命爆发的历史背景,充分认识革命的必要性。

了解"三民主义"纲领的基本内容、意义和局限性。

辛亥革命的历史意义和失败原因及其教训。

3. 学习难点

如何认识辛亥革命的必然性。

如何理解三民主义。

如何认识资产阶级共和国的方案在中国行不通。

4. 本章知识体系结构

本章知识体系结构如图3.1所示。

二、知识拓展

1. 知识之窗

中国近代民主革命伟大先行者孙中山的"遗书"

孙中山是我国近代民主主义革命家,中国国民党创始人,三民主义的倡导者,首举彻底反封建的旗帜,"起共和而终帝制"。1905年成立中国同盟会,1911年辛亥革命后被推举为中华民国临时大总统,1940年,国民政府通令全国,尊称其为

第三章 辛亥革命与君主专制制度的终结

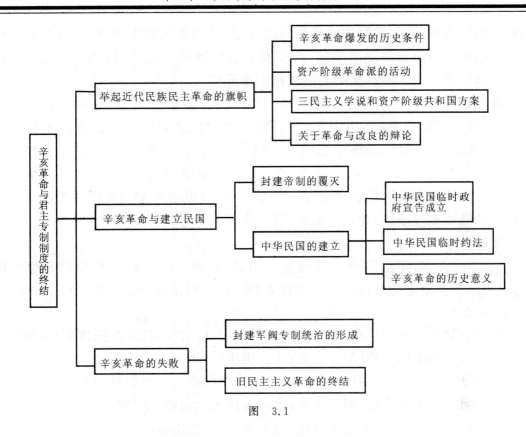

图 3.1

"中华民国国父"。

他在弥留之际,曾留下三份遗嘱:其一为《致苏联遗书》,其二为《政治遗书》,其三为《家事遗书》,以下为遗书全文。

致苏联遗书

"苏维埃社会主义共和国大联合中央执行委员会亲爱的同志:

我在此身患不治之症。我的心念,此时转向于你们,转向于我党及我国的将来。你们是自由的共和国大联合之首领,此自由的共和国大联合,是不朽的列宁遗产与被压迫民族的世界之真遗产。帝国主义下的难民,将藉此以保卫其自由,从以古代奴役战争偏私为基础之国际制度中谋解放。我遗下的是国民党,我希望国民党在完成其由帝国主义制度解放中国及其他被侵略国之历史的工作中,与你们合力共作。命运使我必须放下我未竟之业,移交于彼谨守国民党主义与教训而组织我真正同志之人。故我已嘱咐国民党进行民族革命运动之工作,中国可免帝国主义加诸中国的半殖民地状况之羁缚。为达到此项目的起见,我已命国民党长此继续与你们提携。我深信你们政府亦必继续前此予我国之援助。亲爱的同志!

当此与你们诀别之际,我愿表示我热烈的希望,希望不久即将破晓,斯时苏联以良友及盟国而欢迎强盛独立之中国,两国在争为世界被压迫民族自由之大战中,携手并进以取得胜利。谨以兄弟之谊祝你们平安!"

政治遗书

"余致力国民革命,凡四十年,其目的在求中国之自由平等。积四十年之经验,深知欲达到此目的,必须唤起民众,及联合世界上以平等待我之民族,共同奋斗。现在革命尚未成功。凡我同志,务须依照余所著《建国方略》《建国大纲》《三民主义》及《第一次全国代表大会宣言》,继续努力,以求贯彻。最近主张召开国民会议及废除不平等条约,尤须于最短期间,促其实现。是所至嘱!"

家事遗书

"余尽瘁国事,不治家产。其所遗之书籍、衣物、住宅等,一切均付吾妻宋庆龄,以为纪念。余之儿女,已长成,能自立,望各自爱,以继余志。此嘱!"

2. 阅读书目

[1]周锡瑞.改良与革命:辛亥革命在两湖[M].南京:江苏人民出版社,2007.

[2]李凡.孙中山全传[M].北京:北京出版社,1991.

[3]张鸣.辛亥:摇晃的中国[M].桂林:广西师范大学出版社,2015.

[4]吴玉章.辛亥革命[M].北京:中国人民大学出版社,1960.

[5]章开沅,林增平.辛亥革命史[M].北京:人民出版社,1980.

第二部分 答疑解惑

1.革命派和改良派在论战中是如何论述革命的必要性、正义性、进步性的?

答案要点:

第一,清政府是帝国主义的"鹰犬",因此,爱国必须革命。第二,不进行革命,而容忍清王朝在中国的统治,中国人民就不能免除痛苦和牺牲。第三,人们在革命过程中所付出的努力,乃至做出的牺牲,是以换取历史进步为补偿的。革命本身正是为了建设,破坏与建设是革命的两个方面。

2.辛亥革命的历史意义是什么?

答案要点:

第一,辛亥革命推翻了清王朝的统治,沉重打击了中外反动势力,使中国反动统治者在政治上乱了阵脚。第二,结束了封建君主专制制度,建立了中国历史上第一个资产阶级共和政府,使民主共和的观念开始深入人心。第三,给人们带来思想上的一次解放。第四,促使社会经济、思想习惯和社会风俗等方面发生了积极变化。第五,辛亥革命不仅在一定程度上打击了帝国主义的侵略势力,而且推动了亚洲各国民族解放运动的高涨。

3.辛亥革命失败的原因和教训是什么?

答案要点:

失败原因:第一,客观原因是帝国主义和封建势力相勾结,扼杀这场革命。第二,主观原因是资产阶级自身的弱点:①没有提出彻底的反帝反封建的革命纲领;②不能充分发动和依靠人民群众;③不能建立坚强的革命政党,作为团结一切革命力量的强有力的核心。

教训:辛亥革命的失败表明,资产阶级共和国的方案没有能够救中国,先进的中国人需要进行新的探索,为中国谋求新的出路。

第三部分　自　主　测　试

一、单项选择题(下列每题给出的四个选项中,只有一个选项符合题目要求)

1.资产阶级革命政党中国同盟会的机关报是(　　)。
　A.《时务报》　　B.《国闻报》　　C.《民报》　　D.《新民丛报》
2.在孙中山的思想中,"平均地权""节制资本"属于(　　)。
　A.民族主义　　B.民权主义　　C.民生主义　　D.民主主义
3.近代中国第一个领导资产阶级革命的全国性政党是(　　)。
　A.兴中会　　　B.同盟会　　　C.华兴会　　　D.光复会
4.中国历史上第一部具有资产阶级共和国宪法性质的法典是(　　)。
　A.《中华民国约法》　　　　　B.《中华民国临时约法》
　C.《共同纲领》　　　　　　　D.《建国方略》
5.促使孙中山由改良走上革命道路的重大事件是(　　)。
　A.公车上书　　　　　　　　　B.百日维新
　C.中日甲午战争　　　　　　　D.八国联军侵华战争

二、多项选择题(下列每题给出的几个选项中,至少有两个选项符合题目要求)

1.新三民主义与旧三民主义相比较,其发展表现在(　　)。
　A.突出了反对帝国主义的内容

B. 强调了民主权利为"一般平民所共有"
C. 确立了"平均地权""节制资本"两大原则
D. 与联俄、联共、扶助农工三大政策相联系
E. 与中国共产党的民主革命纲领完全相同

2. 革命派与改良派的论战主要围绕下列哪些问题?（　　）。
   A. 要不要以革命手段推翻清王朝　　B. 要不要推翻帝制,实行共和
   C. 要不要废除科举制度　　　　　　D. 要不要社会革命

3. 在20世纪初的中国,积极宣传资产阶级民主革命思想的主要人物有（　　）。
   A. 孙中山　　　B. 谭嗣同　　　C. 邹容　　　D. 陈天华
   E. 章炳麟

4. 辛亥革命是我国近代史上一次比较完全意义上的资产阶级民主革命,这次革命（　　）。
   A. 提出了平均地权,耕者有其田的重要原则
   B. 建立了中国近代史上第一个资产阶级政党
   C. 制定了比较完整的资产阶级民主革命纲领
   D. 结束了封建君主专制制度,建立了资产阶级共和国

5. 辛亥革命失败的原因包括（　　）。
   A. 没有彻底的反帝反封建纲领　　　B. 不能充分发动和依靠群众
   C. 不能建立坚强的革命政党　　　　D. 中外反动势力勾结,过于强大

三、辨析题（判断正误并说明理由）

1. 袁世凯篡权后的中华民国仍然是资产阶级共和国。
2. 袁世凯的去世是造成北洋军阀迅速分裂的根本原因。

四、材料分析题（阅读下列材料，结合所学知识分析材料并回答问题）

材料1

　　自从一八四〇年鸦片战争失败那时起，先进的中国人，经过千辛万苦向西方国家寻找真理。洪秀全、康有为、严复和孙中山，代表了在中国共产党出世以前向西方寻找真理的一派人物。那时，求进步的中国人，只要是西方的新道理，什么书都看。向日本、英国、美国、法国、德国派遣留学生之多，达到了惊人的程度。国内废科举、兴学校，好像雨后春笋，努力学习西方。我自己在青年时期，学的也是这些东西。这些是西方资产阶级民主主义的文化，即所谓新学，包括那时的社会学说和自然科学，和中国封建主义的文化即所谓旧学是对立的。学了这些新学的人们，在很长的时期内产生了一种信心，认为这些可以救中国，除了旧学派，新学派自己表示怀疑的很少。要救国，只有维新；要维新，只有学外国。那时的外国只有西方资本主义国家是进步的，它们成功地建设了资产阶级的现代国家。日本人向西方学习有成效，中国人也想向日本学。在那时的中国人看来，俄国是落后的，很少人想学俄国。这就是十九世纪四十年代至二十世纪初期中国人学习外国的情形。

　　　　　　　　　　　　——摘自毛泽东：《论人民民主专政》，1949年6月30日

材料2

　　在救亡图存运动中，一些先进的中国人曾经把目光转向西方寻求救国救民的道路，在中国发动资产阶级民主革命。1911年中国民主革命的先行者孙中山先生领导的辛亥革命终结了统治中国两千多年的君主专制制度。但是，辛亥革命后试图模仿西方民主制度模式建立的资产阶级共和国，包括议会制、多党制等，并没有实现中国人民要求独立、民主的迫切愿望，很快就在中外各种反动势力的冲击下

归于失败。时人悲愤地感叹道:"无量头颅无量血可怜购得假共和。"中国人民仍然处于被压迫、被奴役、被剥削的悲惨境地。中国的出路在哪里?中国人民在黑暗中思考着、摸索着、奋斗着。

——摘自中华人民共和国国务院新闻办公室:《中国的民主政治建设》,2005年10月19日

结合材料回答以下问题:

(1)"日本人向西方学习有成效,中国人也想向日本人学"反映的是哪一派政治人物的主张?他们的主张是怎样实践的?结局如何?

(2)试比较康有为、孙中山"向西方寻找真理"的路径和选择有何不同。

(3)为什么辛亥革命没有实现中国人民要求独立、民主的迫切愿望?

五、论述题

为什么说孙中山领导的辛亥革命引起了近代中国的历史性巨大变化?

第四章 开天辟地的大事变

第一部分 学习要点与知识拓展

一、学习要点

1. 学习目的

了解中国先进分子在十月革命以后怎样经过比较、探求选择了马克思主义;认识中国共产党的产生是近代中国社会发展的必然结果,领会中国共产党的建立对中国革命的伟大意义;了解国共合作对推动中国革命的重大作用,并从国民革命的胜利和失败中认识革命统一战线中坚持无产阶级领导权的重要性。

2. 学习重点

五四运动与新民主主义革命的开端。

中国共产党的产生和意义。

中国共产党与国民革命。

3. 学习难点

中国先进知识分子对马克思主义的选择。

4. 本章知识体系结构

本章知识体系结构如图4.1所示。

二、知识拓展

1. 知识之窗

独秀于林——陈独秀与《新青年》

(一)点燃一盏心灯

1915年9月15日,陈独秀在上海创办了《青年杂志》,其后,又以更响亮、更醒目的《新青年》冠名。1917年初,他受聘于北京大学文科学院。这期间,陈独秀积极提倡民主与科学,提倡文学革命,反对封建的旧思想、旧文化、旧礼教,成为新文

第四章 开天辟地的大事变

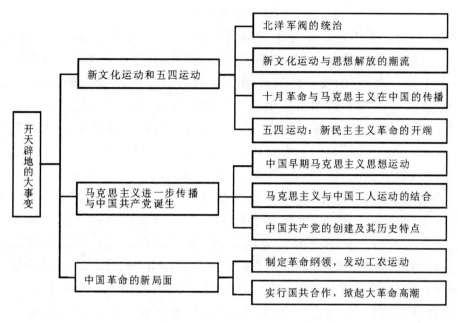

图 4.1

化运动的一面大旗。在他身后,紧跟着一群意气风发的青年学子,他们是那个时代给我们留下的最深刻的历史影像:一袭青灰长衫,白色围巾,手上拿着书籍,充满朝气。

陈独秀初创《青年杂志》时,原以为可以引起轰动,但第一年并不如想象中那样好,销量有限,每期仅1 000份,一度曾想中止,后更名《新青年》。从1917年起,《新青年》出现转机,读者渐增,日后最多时达到1.6万份,成为大专院校及中学生的抢手读物。

过去的《新青年》,更多的是陈独秀个人的烙印,1917年后则大不相同,它依托北京大学文科的一拨教授们,因而获得丰厚的学术资源。正是这一"校"一"刊"的完美结合,成为《新青年》获得巨大成功的保证。

我们看到了面貌为之一新的《新青年》,除了正面的积极宣传外,又加演了一幕诙谐的双簧。由北大教授钱玄同化名"王敬轩","制造"出一个反派人物,他历数新文学的坏处,诋毁文学革命。尔后,现实中的另一位北大教授刘半农,把假的"王敬轩"驳得体无完肤。这颇有艺术意味的"二人转",效果出奇的好,让读者大为快意。

(二)思想炸弹

《新青年》获得了年轻知识分子的热烈拥戴,许多大胆新颖的观念,让人"饥不择食",尤其是对"嗷嗷待哺"的文学青年,简直就像服用了一副"兴奋剂",热情高涨;更为突出的一点,它的文学语言渗透到了政治语言中,优雅、清新而不失锋芒,轻易地深入、甚至征服了各个阶层的国民。我们还看到,月刊里的《通信》一栏,就像一个互动的大舞台,可以畅所欲言,自由表达民意,很多重要的问题和观念在思辨中逐渐明晰。《新青年》可以说是名副其实的"思想炸弹",它让人的灵魂出窍,茅塞顿开。与胡适相比,陈独秀、李大钊、高一涵等更关心现实政治,他们是要在"思想文艺上替中国政治建筑一个革新的基础"。

《新青年》影响着一代思潮,如果我们翻看当时全中国各地风起云涌的各种白话刊物,或者各种新兴社团之间讨论的话题,便可以看出《新青年》所激起的涟漪之大。各地的青年往往捡拾《新青年》中几个观念或几个名词,便可冲泡成一大桶饮料,让众人能分享一杯美羹。《新青年》的文章每每一出版,就会掀起轩然大波,好似膨化食品的原料,经过二次加工,迅速成倍地膨胀。《新青年》就像一支神奇的画笔,在一定意义上塑造了现代中国。

尽管在当时,西方的民主与科学思想在中国切实落实未必有多少。但是《新青年》所倡导的"德先生"和"赛先生",构建了一个很高的"价值层面",它就像一把标尺,此后许多人心中不敢质疑它,或认为理想上就应该朝这方面去努力,这就是《新青年》的历史意义。

——摘自《话说民国(上)》,凤凰出版传媒集团,2008年版,第40~42页

2.阅读书目

[1]欧阳哲生.新文化的源流与趋向.长沙:湖南出版社,1994.

[2]彭明.五四运动史.北京:人民出版社,1998.

[3]林代昭.马克思主义在中国——从影响的传入到传播.北京:清华大学出版社,1983.

[4]林家友,等.国共合作史.重庆:重庆出版社,1987.

[5]李新.中华民国史.北京:中华书局,1996.

第二部分 答疑解惑

1.中国先进分子为什么和怎样选择了马克思主义的思想?

答案要点:

新文化运动期间,先进分子中的一些人在宣传西方资产阶级民主主义时,就已经开始对它有所怀疑和保留。

先进分子在民主科学思想传播中经常遭遇挫折,使他们对资产阶级共和国方案在中国的可行性产生了极大的疑问。

十月革命的推动。十月革命使先进分子从中看到了民族解放的新希望,给予中国先进分子以新的革命方法的启示。

五四运动后,中国工人阶级登上历史舞台,使中国先进知识分子对马克思主义运用于中国革命的前景产生了极大的希望。

2. 为什么说中国共产党的成立是"开天辟地的大事变"?

答案要点:

中国共产党的成立使中国革命有了坚强的领导核心。中国共产党的成立,使中国革命有了科学的指导思想。中国共产党的成立,使中国革命有了新的革命方法。

3. 中国共产党成立后,中国革命呈现了哪些新面貌?

答案要点:

第一次提出了反帝反封建的民主革命纲领;开始采取群众路线的方法;实行国共合作,掀起大革命的高潮。

第三部分 自 主 测 试

一、单项选择题(下列每题给出的四个选项中,只有一个选项符合题目要求)

1. 1915年9月,陈独秀在上海创办《青年杂志》。他在该刊发刊词中宣称,"盖改造青年之思想,辅导青年之修养,为本志之天职。批评时政,非其旨也。"此时陈独秀把主要注意力倾注于思想变革的原因是( )。

　A. 他认为批评时政不利于改造青年思想

　B. 他对资产阶级民主主义产生了怀疑

　C. 他对政治问题不感兴趣

　D. 他认定改造国民性是政治变革的前提

2. 1914年至1918年的第一次世界大战,是一场空前残酷的大屠杀。它改变了世界政治的格局,也改变了各帝国主义国家在中国的利益格局,对中国产生了巨大的影响。大战使中国的先进分子（　　）。

  A. 对中国传统文化产生怀疑

  B. 对西方资产阶级民主主义产生怀疑

  C. 认识到工人阶级的重要作用

  D. 认识到必须优先改造国民性

  3. 中国共产党第一次提出明确的反帝反封建的民主革命纲领是在（　　）。

  A.《新青年》创刊号上　　　　　　B. 中共"一大"会议上

  C. 中共"二大"会议上　　　　　　D. 中共"三大"会议上

  4. 1925年5月，以（　　）为起点，国共两党掀起了全国范围的大革命浪潮。

  A. 京汉铁路罢工　　　　　　　　B. 五卅运动

  C. 安源路矿工人罢工　　　　　　D. 香港海员罢工

  5. 1924年1月，中国国民党第一次全国代表大会在广州召开，大会通过的宣言对三民主义作出了新的解释。新三民主义成为第一次国共合作的政治基础，究其原因，是由于新三民主义的政纲（　　）。

  A. 同中国共产党在民主革命阶段的纲领基本一致

  B. 把斗争的矛头直接指向北洋军阀

  C. 体现了联俄、联共、扶助农工三大革命政策

  D. 把民主主义概括为"平均地权"

二、多项选择题（下列每题给出的四个选项中，至少有两个选项符合题目要求）

  1. 北伐战争主要反对的军阀是（　　）。

  A. 吴佩孚　　　B. 孙传芳　　　C. 张作霖　　　D. 段祺瑞

  2. 新三民主义与旧三民主义相比较，其发展表现在（　　）。

  A. 突出了反对帝国主义的内容

  B. 强调了民主权利应"为一般平民所共有"

  C. 确立了"平均地权""节制资本"两大原则

  D. 与中国共产党的民主革命纲领完全相同

  3. 1925至1927年的大革命规模宏伟，内涵丰富，与辛亥革命相比较，其不同点在于（　　）。

  A. 它广泛而深入地发动了工农群众

  B. 它的主要斗争形式是武装斗争

  C. 它的革命对象是帝国主义和封建军阀

D. 它是在以国共合作为基础的统一战线的组织下进行的

4. "五四"前的新文化运动的意义在于（　　）。

A. 提倡民主与科学，提倡资产阶级民主主义

B. 向两千年来神圣不可侵犯的封建礼教进行自觉挑战

C. 在社会上掀起了一股思想解放潮流

D. 为马克思主义在中国的广泛传播创造了条件

5. 中共二大提出的当前阶段的纲领内容有（　　）。

A. 打倒军阀

B. 推翻国际帝国主义的压迫

C. 统一中国为真正民主共和国

D. 实现社会主义、共产主义

三、辨析题（判断正误并说明理由）

1. 新文化运动是资产阶级民主主义的新文化反对封建主义的旧文化的斗争。

2. 联俄、联共、扶助农工的三大政策是国共第一次合作的政治基础。

四、材料分析题（阅读下列材料，结合所学知识分析材料并回答问题）

材料1

"余维欧美之进化，凡以三大主义：曰民族、曰民权、曰民生。罗马之亡，民族主义兴，而欧洲各国以独立。洎自帝其国，威行专制，在下者不堪其苦，则民权主义起。十八世纪之末，十九世纪之初，专制仆而立宪政体殖焉。世界开化，人智益蒸，物质发舒，百年锐于千载，经济问题继政治问题之后，则民生主义跃跃然动，二十世纪不得不为民生主义之擅场时代也。是三大主义皆基本于民，递变易，而欧洲之人种胥治化焉。"

"中国数千年来都是君主专制政体，这种政体，不是平等自由的国民所堪受的，要去这种政体，不是专靠民族革命可以成功……我们推倒满洲政府，从驱除满人那一面说是民族革命，从颠覆君主政体那一面说是政治革命，并不是把来分作两次去做。讲到那政治革命的结果，是建立民主政体立宪政体。照现在这样的政治论起来，就算汉人为君主，也不能是革命。"

——摘自孙中山：《孙中山全集》第一卷

材料2

"一百年以来，我们的先人以不屈不挠的斗争反对内外压迫者，从来没有停止过，其中包括伟大的中国革命先行者孙中山先生所领导的辛亥革命在内，我们的先人指示我们，叫我们完成他们的遗志。我们现在是这样做了。我们团结起来，以人民解放战争和人民大革命打倒了内外压迫者，宣布中华人民共和国成立了。我们的民族将从此列入爱好和平自由的世界各民族的大家庭，以勇敢而勤劳的姿态工作着，创造自己的文明和幸福，同时也促进世界的和平和自由。我们的民族将再也不是一个被人侮辱的民族了，我们已经站起来了。"

——摘自毛泽东：《毛泽东文集》第五卷

结合材料回答以下问题：

(1)如何理解"就算汉人为君主，也不能不革命"？

(2)为什么说中国共产党人是孙中山开创的革命事业"最忠实的继承者"？

五、论述题

试述大革命的历史意义、失败的原因和教训。

第五章 中国革命的新道路

第一部分 学习要点与知识拓展

一、学习要点

1. 学习目的

认识国民革命失败后,中国民主主义革命的任务没有完成;认识中国革命的长期性、曲折性和不平衡性;认识中国革命新道路理论是中国共产党人把马克思主义普遍真理与中国革命具体实践相结合的光辉典范。

2. 学习重点

国民革命失败后,国民党建立的南京国民政府的性质。

中国革命战略重心从城市转向农村的曲折过程及其原因。

"工农武装割据"思想的形成以及中国革命新道路的开辟。

3. 学习难点

对农村包围城市道路的理解。

4. 本章知识体系结构

本章知识体系结构如图5.1所示。

二、知识拓展

1. 知识之窗

斯诺的《红星照耀中国》与红军长征

斯诺是美国新闻记者,人们记住他的名字,是因为那本《红星照耀中国》。

1936年6月,在宋庆龄的联系与帮助下,斯诺与在上海行医的马海德医生,前往陕北苏区进行访问。

在贫瘠的黄土高原上,在昏暗阴冷的窑洞里,他和毛泽东进行长谈,采访了其他共产党人,搜集了关于长征的第一手资料,然后又长途跋涉,到边区各地采访。

第五章 中国革命的新道路

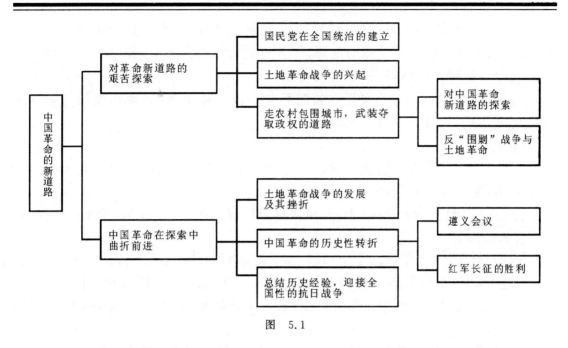

图 5.1

次年,《红星照耀中国》(中译本为《西行漫记》)一书出版,首次向全世界报道了红军长征这出悲壮的人间正剧。

翻开《红星照耀中国》,从书中,我们读出了沉重。历史的镜头推向纵深,我们的目光,也随之而去。思绪似乎在飞,耳际仿佛也想起了隆隆的枪炮声,眼前浮现的,是一幅幅几近褪色的老照片……

1934年10月10日,这一晚的夜,特别的黑,中共中央、红军总部开始从瑞金出发,被迫开始西征,实行战略大转移。

急促的口令声,压抑的军号声,零乱的马蹄声,沉重的脚步声……构成了向西再向西的序曲。

没有太多雄壮,却是几许悲凉,还有一些仓皇。夜色的凝重,更增添了一种莫名的凄苦。此行,漂流迁移何方?天涯何处是"家"?一连串的问号,在人们心头萦绕。后来被称之为"长征"的这一重大历史事件,就从这一天开始。

长征之初,由于"左"倾路线,使红军受到重大损失。面对危局,必须继续寻找生存之地,中共中央的决策者常常处在一种深度的焦虑之中。

陷入重围之兵,必须在"奇"字上下功夫,从绝境中杀出一条血路,置之死地而后生。四渡赤水,无疑是战争史上的杰作,是毛泽东留下的"得意之笔",红军一举摆脱了被动挨打的不利局面。

蒋介石当然不会善罢甘休,他移师贵阳亲自督战,投入重兵。蒋介石十分自信,这一次毛泽东跑不了。然而他错了,胸有成竹的毛泽东,明修栈道,暗渡陈仓,不等蒋介石把网完全结好,一举突破乌江。

甩掉"追剿"的大军,红军得以暂时转危为安。接下来,毛泽东要用一系列战术与蒋介石周旋,直至最后摆脱困境。

......

毛泽东,是低吟着诗篇走进陕北吴起镇的。这里,将是中国共产党人的落脚点。革命,应在这里聚集,反击,应从这里开始。

——摘自《话说民国(上)》,凤凰出版传媒集团,2008年版,第291~294页

2. 阅读书目

[1] 刘勉玉. 土地革命战争史:1927—1937. 南昌:江西教育出版社,2001.

[2] 贾章旺. 毛泽东:从韶山到中南海 1893—1949. 北京:中国文史出版社,2004.

[3] (美)哈里森·索尔兹伯里. 长征:前所未闻的故事. 北京:解放军出版社,1994.

[4] 钟君,龙夫. 红色帷幕下的较量:毛泽东与王明. 贵阳:贵州民族出版社,1993.

[5] 侯保重. 遵义会议——决定中国历史命运的三天. 上海:上海人民出版社,1995.

第二部分 答疑解惑

1. 以毛泽东为主要代表的中国共产党人是如何探索和开辟中国革命新道路的?

答案要点:

大革命失败后,中国革命转入低潮,以毛泽东为代表的中国共产党人,逐渐探索、开辟了革命新道路。

毛泽东不仅在实践中把革命的方向指向了农村,而且在理论上阐述革命新道路,在同党内教条主义等作斗争的同时,科学地概括了红军和根据地斗争经验,系统地提出了农村包围城市、武装夺取政权的理论。这也标志着中国化的马克思主义即毛泽东思想的初步形成。

2. 20世纪20年代后期,30年代前中期,中国共产党为什么连续出现"左"倾错误?

答案要点：

处在半殖民地半封建社会的中国共产党是在小资产阶级包围之中，小资产阶级思想比较容易反映到党内来，影响党的思想、路线和政策。当时，全党的马克思主义理论准备不足，理论素养不高，实践经验也很缺乏，加之，共产国际的错误影响和瞎指挥，八七会议后，党内一直存在着浓厚的"左"倾情绪没有得到认真的清理。

3. 遵义会议的内容和历史意义是什么？

答案要点：

内容：集中全力纠正博古等人在军事上和组织上的"左"倾错误；肯定了毛泽东的正确军事主张；选举毛泽东为中央政治局常委；取消博古、李德的军事最高指挥权。

历史意义：遵义会议结束了王明"左"倾错误在中央的统治，在事实上确立了以毛泽东为核心的新的党中央的正确领导。这是中国共产党第一次独立自主地运用马克思主义原理解决自己的问题，是中国共产党从幼稚走向成熟的标志，是中国共产党历史上一个生死攸关的转折点。

第三部分 自 主 测 试

一、单项选择题（下列每题给出的四个选项中，只有一个选项符合题目要求）

1. 1930年1月，毛泽东在《星星之火，可以燎原》一文中写道："我所说的中国革命高潮快要到来，决不是如有些人所谓'有到来之可能'那样完全没有行动意义的、可望而不可及的一种空的东西。它是站在海岸遥望海中已经看得见桅杆尖头了的一只航船，它是立于高山之巅远看东方已见光芒四射喷薄欲出的一轮朝日，它是躁动于母腹中的快要成熟了的一个婴儿。"这段话是针对当时党内和红军中存在的（　　）。

A. "在全国范围内先争取群众后建立政权"的理论

B. "御敌于国门之外"的主张

C. "红旗到底打得多久"的疑问

D. "一省或数省的首先胜利"的设想

2. 中国革命历史上制定的第一个土地法是（　　）。

A.《兴国土地法》　　　　　　　　B.《井冈山土地法》

C.《中国土地法大纲》　　　　　　D.《五四指示》

3.1929年4月制定的《兴国土地法》对《井冈山土地法》的一个原则性纠正是（　　）。

A.改"土地归工农民主政府所有"为"归农民自己所有"

B.改"没收一切土地"为"没收一切公共土地及地主阶级的土地"

C.改"按人口平分土地"为"按劳动力分配土地"

D.改"抽多补少"为"抽肥补瘦"

4.1929年12月下旬,红四军党的第九次代表大会在福建上杭县古田村召开,会议总结了红军创立以来的经验,通过了著名的古田会议决议。决议的中心思想是（　　）。

A.中国共产党必须服从共产国际的领导

B.武装斗争是中国革命的主要形式

C.在农村根据地广泛开展土地革命

D.用无产阶级思想进行军队和党的建设

5.延安时期,毛泽东写下了著名的《实践论》《矛盾论》主要是为了克服党内严重的（　　）。

A.经验主义错误　　　　　　　　B.冒险主义错误

C.机会主义错误　　　　　　　　D.教条主义错误

二、多项选择题（下列每题给出的四个选项中,至少有两个选项符合题目要求）

1.下列关于八七会议的表述正确的是（　　）。

A.清算了大革命后期陈独秀的"右"倾机会主义错误

B.会议避免了"左"的错误

C.毛泽东提出"政权是由枪杆子中取得的"

D.会议确定土地革命和武装斗争的方针

2.1931年1月至1935年1月,以王明为代表的"左"倾错误给中国革命带来严重危害,其主要错误有（　　）。

A.排斥和打击中间势力　　　　　B.将反帝反封建与反资产阶级并列

C.集中力量攻打大城市　　　　　D.主张"一切经过统一战线"

3.毛泽东从1928年到1930年提出并阐述了农村包围城市、武装夺取政权道路理论的主要文章是（　　）。

A.《中国的红色政权为什么能够存在》　　B.《井冈山的斗争》

C.《星星之火,可以燎原》　　　　　　D.《反对本本主义》

4. 1930年5月,毛泽东撰写的《反对本本主义》,提出了下列重要思想(　　)。

A. 马克思主义的"本本"是要学习的,但是必须同中国的实际情况相结合

B. 没有调查,就没有发言权

C. 必须洗刷唯心精神,坚持从斗争中创造新局面的思想路线

D. 中国革命斗争要靠中国同志了解情况

5. 毛泽东找到农村包围城市、武装夺取政权这条道路的根据是(　　)。

A. 中国内无民主制度,外无民族独立

B. 农民占人口绝大多数,是民主革命的主力军

C. 中国革命的敌人长期占据着中心城市,农村是其统治的薄弱环节

D. 中国经济政治发展的不平衡

三、辨析题(判断正误并说明理由)

1. 中国革命新道路理论的阐述标志着毛泽东思想的成熟。

2. 在新民主主义革命时期,只有当民族资产阶级拥护革命时,才要保护民族资本主义。

四、材料分析题(阅读下列材料,结合所学知识分析材料并回答问题)

材料1

(1)乡村是统治阶级的四肢,城市才是他们的头脑与心腹,单只斩断了他的四肢,而没有斩断他的头脑,炸裂他的心腹,还不能致他的最后的死命。

——摘自李立三:《新的革命高潮前面的诸问题》,1930年6月

(2)(有人)以为中国像西欧各国一样,大城市的经济力量可以统治全国,所以大城市暴动成功以后可以影响小城市及乡村;而在中国,则找不到一个大城市的经济力量能统治全国的。

——摘自《中共六届二中全会的政治问题报告》,1929年6月

(3)中国豪绅资产阶级因为资本主义发展的落后,不能成为一个整个儿阶级势力,他们内部分裂冲突,而没有组织全国家中央集权政府的能力。因此,革命不能有夺取"首都",一击而中的发展形势。

——摘自瞿秋白:《武装暴动的问题》,1927年12月

材料2

(1)不要城市就是否认共产党是无产阶级政党,就是否认无产阶级对农民的领导,结果共产党只有变成小资产阶级农民党。(你们)在斗争的布置上有用乡村包围城市的企图,这种倾向是极危险的。

——摘自中共中央致湖北省委信,1929年2月

(2)红军、游击队和红色区域的建立和发展,是半殖民地中国在无产阶级领导之下的农民斗争的最高形式,和半殖民地农民斗争发展的必然结果;并且无疑义地是促进全国革命高潮的最重要因素。

——摘自毛泽东:《星星之火,可以燎原》,1930年1月

(3)现在就全国看来,农民运动的发展比城市的工人运动要快得多。在这一种情势之下,若我们依然是将大部分的力量都用在城市中,实不如用在农村中为好。革命势力占据了广大农村之后,可以结合起来包围城市,封锁城市,用广大的农村革命势力向城市进攻,必然可以得着胜利。

——摘自中共中央机关刊物《红旗》,1930年5月

(4)以为不要城市工人而用农村包围城市可以取得胜利,这无论在理论上与事实上都是不通的。假使没有城市做领导,则任何乡村都是不能"联合起来"的。并且,没有城市工人激烈斗争,则一切"包围城市"的计划完全是空谈。

——摘自中共中央机关刊物《红旗》,1930年5月

材料 3

如果革命的队伍不愿意和帝国主义及其走狗妥协,而要坚持地奋斗下去,如果革命的队伍要准备积蓄和锻炼自己的力量,并避免在力量不够的时候和强大的敌人作决定胜负的战斗,那就必须把落后的农村造成先进的巩固的根据地,造成军事上、政治上、经济上、文化上的伟大的革命阵地,借以反对利用城市进攻农村区域的凶恶敌人,借以在长期战斗中逐步地争取革命的全部胜利。

——摘自毛泽东:《中国革命和中国共产党》,1939年12月

结合材料回答以下问题:

(1)分析材料1,说明近代中国社会城乡关系的特点及其原因。

(2)阅读材料2,分析材料中的不同观点及其分歧的实质。

(3)综合材料1,2,3,指出中国革命新道路的客观依据和革命新道路理论的基本点。

五、论述题

如何认识中国工农红军的长征及长征精神?

第六章　中华民族的抗日战争

第一部分　学习要点与知识拓展

一、学习要点

1. 学习目的

通过本章学习了解中华民族抗日战争的两个过程：日本帝国主义是如何一步步发动全面侵华战争，并给中国造成巨大灾难的；全国各族人民是如何走向全民族抗战，并最终取得抗日战争的伟大胜利。正确分析国共两党的抗日主张及在抗战中的地位与作用；正确认识抗日战争的性质及胜利的基本经验和伟大意义。

2. 学习重点

全民族抗日统一战线的建立和作用。

中国人民抗日战争在世界反法西斯战争中的地位。

3. 学习难点

正确认识抗日战争中的敌后战场和正面战场。

4. 本章知识体系结构

本章知识体系结构如图 6.1 所示。

二、知识拓展

1. 知识之窗

毛泽东与斯诺谈抗日战争

一九三六年七月十六日，我坐在毛泽东住处里面一条没有靠背的方凳上。时间已过了晚上九点，"熄灯号"已经吹过，几乎所有的灯火已经熄灭。……毛泽东开始回答我提出关于共产党对日政策的第一个问题，我的问题是这样的："如果日本被打败了而且被逐出了中国，你是不是以为'外国帝国主义'这个大问题总的来说也就此解决了呢？"

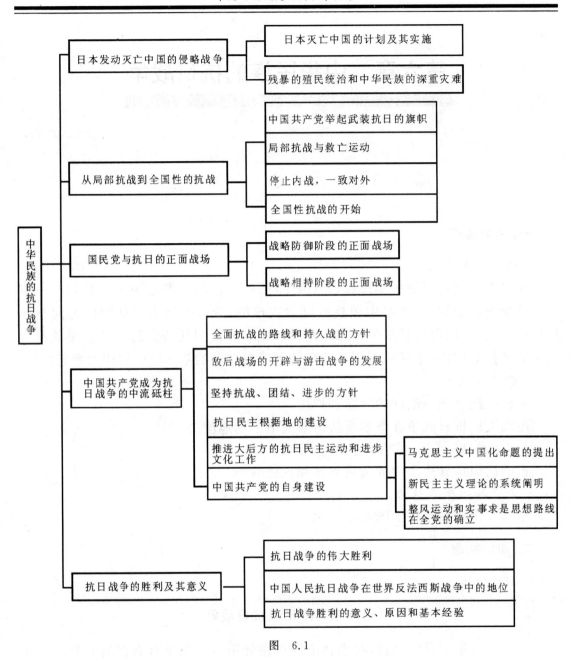

图 6.1

"是的。如果别的帝国主义国家不像日本这样的行动,而且如果中国打败了日本,那就意味着中国人民大众是觉醒了,动员了起来,而且确立了他们的独立。因此,帝国主义这个主要问题也就解决了。"

"你认为在什么条件下,中国人民才能够消耗和打败日本的军队?"我问。

他回答说:"三个条件可以保证我们的成功:第一,中国结成抗日民族统一战线;第二,全世界结成反日统一战线;第三,目前在日本帝国主义势力下受苦的被压迫各国人民采取革命行动。在这三个条件中,主要条件是中国人民自己的团结。"

我问:"你认为这样的战争要打多久?"

毛答:"这要看中国人民的民族统一战线的力量,要看中国和日本国内的许多的决定性因素,要看国际对华援助的程度以及日本内部革命发展的速度而定。如果中国人民的民族统一战线是极其一致的,如果上下左右都是有效地组织起来的,如果那些认识到日本帝国主义对自身利益威胁的各国政府给予中国的国际援助是大量的,如果日本国内很快发生革命,那末这次战争就会很短,很快就可以得到胜利。但是,如果这些条件不能实现,那末战争会是很长久的,但到最后,日本还是要被打败,只不过牺牲重大,全世界都要经历一个痛苦的时期。"

——摘自(美)埃德加·斯诺:《红星照耀中国》(又译《西行漫记》)

2. 阅读书目

[1] 胡德坤. 中日战争史 1931—1945. 武汉:武汉大学出版社,1988.

[2] 张其昀. 先总统蒋公全集. 台湾:中国文化大学出版社,1984.

[3] 刘勉玉. 中国共产党经济政策发展史. 长沙:湖南人民出版社,2001.

[4] 王真. 抗日战争与中国的国际地位. 北京:社会科学文献出版社,2003.

[5] 张纯如. 南京大屠杀. 北京:东方出版社,2005.

第二部分 答疑解惑

1. 中国人民抗日战争胜利的意义是什么?

答案要点:

中国人民的抗日战争,是近代以来中国反抗外敌入侵第一次取得完全胜利的民族解放战争。第一,中国人民抗日战争的胜利,彻底打败了日本侵略者,捍卫了中国的国家主权和领土完整,使中华民族免遭殖民奴役的厄运。第二,中国人民抗日战争的胜利,促进了中华民族的觉醒,使中国人民在精神上、组织上达到前所未有的高度,成为中华民族走向复兴的历史转折点。第三,中国人民抗日战争的胜利,促进了中华民族的大团结,弘扬了中华民族的伟大精神。第四,中国人民抗日战争的胜利,对世界各国人民夺取反法西斯战争的胜利、维护世界和平的伟大事业产生了巨大影响。

2.为什么说中国共产党是中国人民抗日战争的中流砥柱？

答案要点：

第一，中国共产党积极倡导、促成、维护抗日民族统一战线，成为凝聚全民族力量的杰出组织者和鼓舞者。第二，以毛泽东为代表的中国共产党人，把马克思列宁主义基本原理同中国实际相结合，制定和实施了一套完整的抗战策略，对抗日战争的胜利发挥了重要的指导作用。第三，中国共产党通过游击战开辟敌后战场，建立抗日根据地，牵制和消灭了日军的有生力量，减轻了正面战场的压力，也为抗日战争的战略反攻准备了条件。第四，中国共产党人以爱国主义、不怕牺牲的模范作用，成为夺取抗战胜利的民族先锋。

3.国民党政府在抗日战争中执行的路线和正面战场的地位和作用是什么？

答案要点：

国民党政府执行片面抗战路线，即不敢放手发动和武装民众，实行单纯依靠政府和正规军的抗战；在战略战术上，没有采取积极防御的方针，而是进行单纯阵地防御战。国民党领导的正面战场对抗日战争的胜利作出了重要贡献。正面战场在抗战各阶段中表现不同，其地位和作用也不同。在抗战初期的战略防御阶段，国民党政府积极抗战，正面战场起到了重大作用。但由于其实行片面抗战路线，特别是进入战略相持阶段后，国民党消极抗战、积极反共，其在抗战中的地位和作用下降。在战略反攻阶段，国民党虽然坚持抗战，但重点在抢夺抗战胜利果实，对夺取抗战最后胜利作用有限。

第三部分 自 主 测 试

一、单项选择题（下列每题给出的四个选项中，只有一个选项符合题目要求）

1.抗日战争中，中国共产党领导的军队取得首次大捷是（　　）。
A.百团大战　　B.黄土岭战役　　C.平型关大捷　　D.忻口战役

2.抗日战争进入战略相持阶段，日军侵华在敌后战场的重点是（　　）。
A.加强对沦陷区的经济掠夺　　B.推行治安强化运动
C.进攻敌后抗日根据地　　D.进攻正面战场

3.抗日战争时期，中共领导的根据地政权的民主建设主要体现为（　　）。
A.建立中华苏维埃共和国　　B.实行"三三制"原则

C. 开展整风运动　　　　　　　　D. 推行精兵简政政策

4. 中国共产党在(　　)会议上将毛泽东思想作为党一切工作的指针。
   A. 洛川会议　　　　　　　　　B. 六届六中全会
   C. 中共七大　　　　　　　　　D. 中共八大

5. 下面对抗日民族统一战线建立的表述不正确的是(　　)。
   A. 九一八事变爆发的第二天,中共发表宣言,倡议建立抗日民族统一战线
   B. 瓦窑堡会议确定建立抗日民族统一战线的方针
   C.《论反对日本帝国主义的策略》奠定了建立抗日民族统一战线的理论基础
   D. 国民党公布了中共中央提交的国共合作宣言,标志抗日民族统一战线正式建立

二、多项选择题(下列每题给出的四个选项中,至少有两个选项符合题目要求)

1. 毛泽东发表的《论持久战》,客观预测了抗日战争的发展进程是(　　)。
   A. 战略防御　　B. 战略相持　　C. 战略反攻　　D. 战略决战

2. 在战略防御阶段,国民党正面战场组织过(　　)等一系列大战役。
   A. 淞沪会战　　B. 忻口会战　　C. 徐州会战　　D. 武汉会战

3. 抗日战争进入相持阶段的原因(　　)。
   A. 日本侵略军战线太长
   B. 抗日根据地有力牵制敌军
   C. 中国人民抗日力量尚未充分发展
   D. 英美主张接受"近卫声明"

4. "三三制"原则在抗日根据地实行的意义有(　　)。
   A. 加强了党对抗日民主政权的领导
   B. 使抗日根据地不断扩大
   C. 加强了各阶层人民的团结
   D. 巩固了抗日民族统一战线

5. 20世纪40年代,中国共产党在全党范围开展的整风运动的主要内容是(　　)。
   A. 反对主观主义以整顿学风　　　B. 反对宗派主义以整顿党风
   C. 反对形式主义以整顿学风　　　D. 反对党八股以整顿文风

三、辨析题(判断正误并说明理由)

1. 抗日战争的胜利成为中华民族由衰败到重新振兴的转折点。

2.抗日民族统一战线中的中间势力是城市小资产阶级。

四、材料分析题(阅读下列材料,结合所学知识分析材料并回答问题)

材料1

在这里,我们发挥了震天的威力!在这里,我们用血写就了伟大的史诗!在这里,我们泄尽了敌人的底!在这里,我们击退寇兵!在残破的北关城墙插上了国旗!……

——摘自臧克家:《红血洗过的战场》

材料2

近代以来,由于我们一盘散沙,我们的民族总是在斗争中遭到失败。抗日战争中,……中华民族形成了一个统一的抵抗力量。

材料3

美国总统罗斯福曾说:"假如没有中国,假如中国被打垮了,你想一想有多少师的日本兵可以因此调到其他方面来作战?他们可以马上打到澳洲,打下印度——他们可以毫不费力地把这些地方打下来。他们可以一直冲向中东……和德国配合起来,举行一个大规模的夹击,在近东会师,把俄国完全隔离起来,吞并埃及,切断通过地中海的一切交通线"。

——摘自《复兴之路》,中国民主法制出版社

结合材料回答以下问题:

简述抗日战争在反法西斯的第二次世界大战中的地位和作用。

五、论述题

论述中国人民抗日战争是弱国战胜强国的范例。

第七章 为新中国而奋斗

第一部分 学习要点与知识拓展

一、学习要点

1. 学习目的

通过本章学习了解抗战胜利后三种政治力量、三种建国方案,两种命运、两个前途的较量;国民党政权的垮台及其原因;第三条道路幻想的破灭及其原因;中国人民革命成功的原因和基本经验;认识到中华人民共和国的建立、中国共产党的执政地位的确立是历史和人民的选择。

2. 学习重点

为什么说没有共产党就没有新中国。

中国革命胜利的原因和基本经验。

3. 学习难点

抗战胜利后,国民党政府陷入全民的包围中并迅速走向崩溃的原因。

4. 本章知识体系结构

本章知识体系结构如图7.1所示。

二、知识拓展

1. 知识之窗

论人民民主专政——纪念中国共产党二十八周年

(1949年6月20日)

人民是什么?在中国,在现阶段,是工人阶级、农民阶级、城市小资产阶级和民族资产阶级。这些阶级在工人阶级和共产党的领导之下,团结起来,组成自己的国家,选举自己的政府,向着帝国主义的走狗即地主阶级和官僚资产阶级以及代表这些阶级的国民党反动派及其帮凶们实行专政,实行独裁,压迫这些人,只许

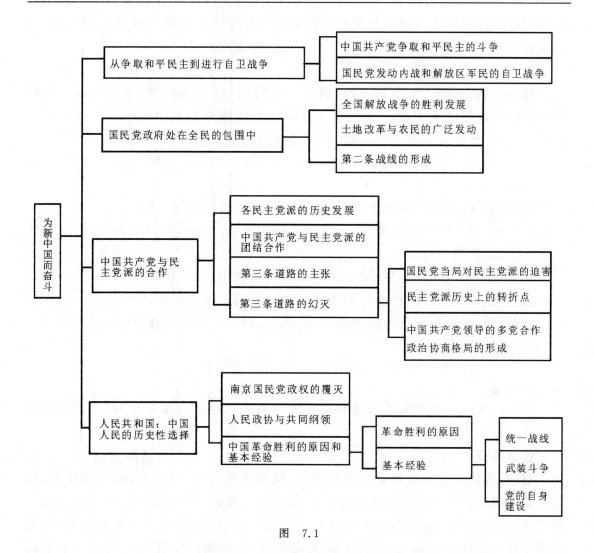

图 7.1

他们规规矩矩,不许他们乱说乱动。如果乱说乱动,立即取缔,予以制裁。对于人们内部,则实行民主制度,人民有言论集会结社等项的自由权。选举权,只给人民,不给反动派。这两方面,对人民内部的民主方面和对反动派的专政方面,互相结合起来,就是人民民主专政。

……

人民的国家是保护人民的。有了人民的国家,人民才有可能在全国范围内和全体规模上,用民主的方法,教育自己和改造自己,使自己脱离内外反动派的影响(这个影响现在还是很大的。并将在长时期内存在着,不能很快地消灭),改造自己从旧社会得来的坏习惯和坏思想,不使自己走入反动派指引的错误路上去,并继续前进,向着社会主义社会和共产主义社会前进。

……

总结我们的经验,集中到一点,就是工人阶级(经过共产党)领导的以工农联盟为基础的人民民主专政。这个专政必须和国际革命力量团结一致。这就是我们的公式,这就是我们的主要经验,这就是我们的主要纲领。

——摘自毛泽东:《论人民民主专政》,《毛泽东选集》,人民出版社,1991年版

2. 阅读书目

[1] 廖盖隆. 全国解放战争简史. 上海:上海人民出版社,1984.
[2] (美)约·W·埃谢里克. 在中国失掉的机会. 罗清,等,译. 北京:国际文化出版公司,1989.
[3] 毛泽东. 毛泽东选集. 第3,4卷. 北京:人民出版社,1991.
[4] 肖甡,周炳钦. 两种命运的决战. 郑州:河南人民出版社,2000.
[5] 张澜. 关于当前政治问题的谈话. 成都:四川教育出版社,1991.

第二部分 答 疑 解 惑

1. 如何认识民主党派的历史作用?中国共产党领导的多党合作、政治协商的格局是怎样形成的?

答案要点:

第一,各民主党派虽然政纲不尽相同,但都主张爱国、反对卖国,主张民主、反对独裁,在抗战中对国统区抗日民主运动的发展都起了积极作用。抗战胜利后,民主党派作为"第三方面",主要与共产党一起,反对国民党的内战独裁政策,为和平民主而奔走呼号。第二,各民主党派成立时,中国共产党就与它们建立了不同程度的合作关系,并在斗争实践中逐步发展了这种合作关系。第三,国民党坚持一党独裁,迫害民主党派进步人士,使得民主党派人士逐步转到新民主主义革命立场上。1949年1月22日,各民主党派和无党派人士发表《对时局的意见》,表示愿意接受中国共产党的领导,拥护建立人民民主的新中国。第四,中国共产党也邀请各民主党派"积极参政,共同建设新中国",1949年9月,各民主党派积极参加了中国人民政治协商会议。中国共产党领导的多党合作和政治协商制度在此基础上基本形成。

2. 为什么说"没有共产党就没有新中国"？

答案要点：

第一，中国共产党作为工人阶级的政党，不仅代表着中国工人阶级的利益，而且代表着整个中华民族和全中国人民的利益。第二，中国共产党是马克思主义的科学理论武装起来的，以中国化的马克思主义即马克思列宁主义基本原理与中国实践相结合的毛泽东思想为一切工作的指针。第三，中国共产党人在革命过程中始终英勇地站在斗争的最前线。以实际行动表明了自己是最有远见，最富于牺牲精神，最坚定、而又最能虚心体察民情并依靠群众的坚强的革命者，从而赢得了广大中国人民的衷心拥护。第四，"没有共产党就没有新中国"，这是中国人民基于自己的切身体验所确认的客观真理。

3. 中国革命取得胜利的基本经验是什么？

答案要点：

统一战线，武装斗争，党的建设是中国共产党在中国革命中战胜敌人的三个主要的法宝。第一，建立广泛的统一战线。由于中国人民受到帝国主义、封建主义和官僚资本主义的三重压迫，在中国建立革命统一战线的群众基础是十分广泛的。建立广泛的统一战线，是坚持和发展革命的政治基础。第二，坚持革命的武装斗争。由于中国没有资产阶级民主，反动统治阶级凭借武装力量对人民实行独裁恐怖统治，革命只能以长期的武装斗争作为主要形式。离开了武装斗争，就没有共产党的地位，就不能完成任何革命任务。第三，加强共产党自身的建设。在工人阶级人数很少而战斗力很强，农民和其他小资产阶级占人口大多数的中国，建设一个工人阶级先锋队的党，是极其艰巨的任务。毛泽东的建党学说成功地解决了这个难题。

第三部分　自　主　测　试

一、单项选择题（下列每题给出的四个选项中，只有一个选项符合题目要求）

1. 抗日战争胜利后，中国社会的主要矛盾是（　　　）。

A. 中美民族矛盾

B. 中日民族矛盾

C. 无产阶级同资产阶级的矛盾

D. 中国人民同美帝国主义支持的国民党反动派之间的矛盾

2. 1945年8月,中共中央在对时局的宣言中明确提出的口号是(   )。
   A. 巩固国内和平,实现民主改革   B. 和平、民主、团结
   C. 打倒蒋介石,解放全中国   D. 独立、自由、和平

3. 全面内战爆发的标志是国民党(   )。
   A. 撕毁《双十协定》   B. 进攻中原解放区
   C. 进攻上党地区   D. 撕毁停战协定

4. 毛泽东提出"一切反动派都是纸老虎"的著名论断,针对的是(   )。
   A. 打垮国民党的历次反革命军事围剿
   B. 国民党顽固派制造皖南事变等反共浪潮
   C. 日本帝国主义被迫宣布无条件投降
   D. 解放战争初期国民党在军事和经济方面占有明显优势

5. 1947年6月底,揭开人民解放战争战略进攻的序幕的是(   )。
   A. 孟良崮战役开始   B. 刘邓大军挺进大别山
   C. 三大战役开始   D. 渡江战役开始

二、多项选择题(下列每题给出的四个选项中,至少有两个选项符合题目要求)

1. 解放战争初期,国民党军重点进攻的解放区是(   )。
   A. 山东   B. 冀东   C. 豫南   D. 陕北

2. 人民解放军粉碎国民党全面与重点进攻的作战原则和方法主要是(   )。
   A. 分兵作战化整为零的原则   B. 歼灭敌人有生力量的原则
   C. 运动战的作战方法   D. 集中优势兵力各个歼灭敌人

3. 解放战争期间,中共中央颁布的关于土地改革的纲领性文件是(   )。
   A.《五四指示》   B.《井冈山土地法大纲》
   C.《苏维埃土地法大纲》   D.《中国土地法大纲》

4.《中国人民政治协商会议共同纲领》的基础是(   )。
   A.《论人民民主专政》   B.《国内和平协定》
   C. 中共七届二中全会决议   D. 中共七届三中全会决议

5. 中国革命胜利的基本经验是(   )。
   A. 群众路线   B. 统一战线
   C. 武装斗争   D. 党的建设
   E. 独立自主

三、辨析题(判断正误并说明理由)

1. 第三条道路的实质是旧民主主义的道路。
2. 抗战胜利后,蒋介石连发三封电报邀请毛泽东赴重庆谈判是为了和平建国。

四、材料分析题(阅读下列材料,结合所学知识分析材料并回答问题)

材料1

1945年8月20日蒋介石再次邀请毛泽东到重庆谈判的电报:"大战方告结束,内争不容再有……如何以建国之功收抗战之果,甚有赖于先生之惠然一行,共定大计……"

材料2

1945年10月13日蒋介石给陆军总司令何应钦密电:"抗战胜利,日寇投降……乃奸匪竟……企图破坏统一以遂其割据之阴谋,若不速予剿除,不仅八年抗战前功尽失,且必遗害无穷……此次剿共为人民幸福之所系,务本以往抗战之精神,遵照中正(注:蒋介石)所订剿共手本,督励所属,努力进剿,迅速完成任务。"

材料3

"事实上,蒋介石甚至连再占领华南都有极大困难……如果他不同共产党人及俄国人达成协议,他就休想进入东北。由于共产党人占领了铁路中间的地方,蒋介石要想占领东北和中南就不可能……假如我们让日本人立即放下他们的武器……那么整个中国就会被共产党人拿过去……因此,我们便命令日本人守着他们的岗位和维护秩序,等到蒋介石的军队一到,日本军队便向他们投降……这种利用日本军队阻止共产党人的办法是国防部和国务院的联合决定而经我批准的。"

——摘自哈里·杜鲁门:《杜鲁门回忆录》,李石译,东方出版社,2007年版

结合材料回答以下问题:

蒋介石邀毛泽东到重庆谈判的真实目的是什么?

五、论述题

抗日战争胜利后,国民党政府为什么会陷入全民的包围中并迅速走向崩溃?

第八章 社会主义基本制度在中国的确立

第一部分 学习要点与知识拓展

一、学习要点

1. 学习目的

了解新中国刚刚成立时所面临的国际国内环境,深入理解新中国成立初期的国内外政策的必要性;了解过渡时期总路线的提出及其内容,认识新民主主义社会的过渡性质,认识中国为实现工业化而走上社会主义道路的必然性,深刻理解社会主义是历史和人民的正确选择。

2. 学习重点

新中国成立初期的内政外交政策。

过渡时期总路线的提出及其内容。

农业、手工业、资本主义工商业的改造。

3. 学习难点

社会主义改造中的失误与改革开放的关系。

4. 本章知识体系结构

本章知识体系结构如图8.1所示。

二、知识拓展

1. 知识之窗

同仁堂的新生

工商界人士听到改造资本主义工商业的消息时,心情是极其矛盾和复杂的。1953年,各家企业正是蒸蒸日上,大家想大干一场的时候,国家提出把私营企业改

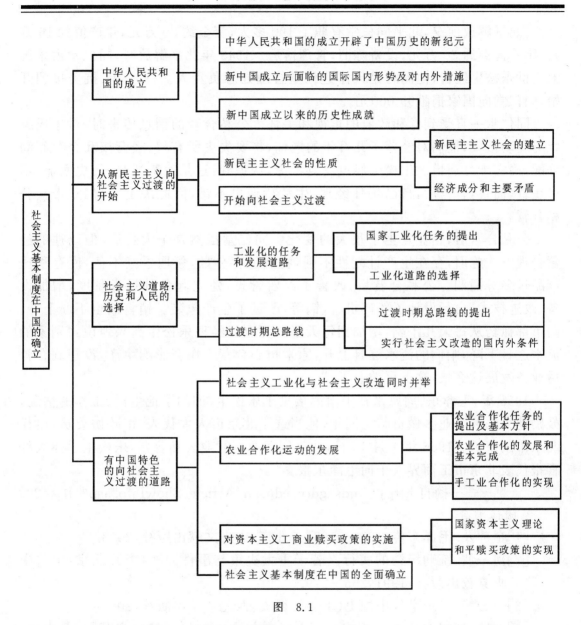

图 8.1

造为社会主义企业,要实行公私合营,这对大家的震动很大,思想上没有什么准备,心里真是"十五只吊桶打水七上八下。"有的说,"1949年为什么不讲总路线?那时讲,人就都跑了。"还有的说,"夕阳无限好,只是近黄昏。"

1953年,北京市地方工业局选择了同仁堂首先行公私合营,这对于同仁堂的经营者震动很大。同仁堂到这时已存在了几百年。它始建于清朝康熙八年(1669

年)。北平解放前夕,北平同仁堂有职工190多人,资金约80万元,年产值约16万元,年零售额约30万元,设备陈旧,管理落后。1949年北平解放时,同仁堂由乐氏十三世乐松生经营,他同时是天津达仁堂管理处总负责人。1950年,抗美援朝开始,同仁堂向国家捐献99 000元。

同仁堂一直受到党和政府的重视和关怀。公私合营的消息传来时,对乐氏家族的震动很大,他们对经营了几百年的老铺,将要失去所有权、经营权和企业利润分配,确实十分痛惜。乐松生经过反复考虑,认识到:这是大势所趋,历史潮流,不可违背,而且,合营后,自己仍任经理,生活待遇也不错,因此决定,同仁堂带头公私合营。

公私合营后,企业发生了很大的变化。同仁堂虽然是个大药店,但以往的经营管理方式陈旧,存在生产计划性不强,物资储存分散,领取手续不清,库存积压产品过多等漏洞。公私合营后,改善了经营管理,建立起各种规章制度,增加设备,改进技术,自行设计了粉碎机、汽锅等,改进了生产包装。销售额也不断上升。门市部抓药从每天几十副,增加到每天200多副。经理乐松生高兴地说:"别家的流水逐日下降,咱们的流水逐日上升,原来担心合营工作会影响生产,没想到合营后业务发展这么快,这下可放心了。"

1955年,毛泽东、周恩来在中南海接见了乐松生,询问了他生活、工作的情况,鼓励他为医药事业多做贡献。同年,他当选了北京市人大代表、市政协委员,出任北京市副市长。1956年1月13日,北京国药业全行业公私合营,乐松生手捧大红喜报代表北京市工商界人士向毛泽东报喜。

——摘自 http://mds.gdcc.edu.cn/Article/ShowInfo.asp? ID=239

2. 阅读书目

[1] 金冲及.毛泽东传(1949—1976).北京:中央文献出版社,2003.

[2] 薄一波.统购统销的实行//若干重大决策与事件回顾(上).北京:中共中央党校出版社,1991,255-279.

[3] 李云峰.二十世纪中国史(下卷).西安:西北大学出版社,2003.

[4] 温锐.理想·历史·现实——毛泽东与中国农村经济之变革[M].太原:山西大学联盟出版社,1995.

[5] 董倩.改造日常:《新民晚报》与社会主义上海生活空间之构建[M].上海.上海人民出版社,2016.

第二部分 答疑解惑

1. 为什么说新民主主义社会是一个过渡性质的社会？

答案要点：

新民主主义社会的发展方向是社会主义的。第一，中国共产党领导的中国革命，包括新民主主义革命和社会主义革命两个阶段。党领导人民进行了新民主主义革命的目的，是要建立以工人阶级领导的中国社会各阶级联合专政的新民主主义的社会，然后再使之发展到第二个阶段，以在中国建立社会主义社会。第二，新民主主义社会的政治、经济、文化都是由工人阶级领导的，因而都具有社会主义因素。如中国共产党的政治领导、社会主义国营经济在国民经济中的领导地位，马克思主义在思想文化领域的指导地位。这些因素的存在并不断增长，决定了新民主主义的社会主义发展方向。因此，新民主主义社会从政治、经济、文化方面都表现出从属于社会主义的特点，是一个具有向社会主义过渡的过渡性质的社会。

2. 怎样理解社会主义制度在中国的确立是历史和人民的选择？

答案要点：

第一，中国国情决定了中国只能采用社会主义制度实现工业化：社会主义国营经济掌握了国家经济命脉；资本主义力量弱小，对国家和国营经济依赖性很大；个体农业和手工业的社会主义改造是实现工业化的必要条件。第二，西方资本主义国家对中国的封锁和社会主义国家苏联的帮助，是选择社会主义制度的国际环境。

第三部分 自主测试

一、单项选择题（下列每题给出的四个选项中，只有一个选项符合题目要求）

1. 1953年9月，彭德怀在一份报告中说，抗美援朝战争的胜利雄辩地证明："西方侵略者几百年来只要在东方一个海岸上架起几尊大炮就可霸占一个国家的时代一去不复返了。"这场战争的胜利（　　）。

　　A. 结束了西方列强霸权主义的历史

　　B. 打破了美国军队不可战胜的神话

　　C. 奠定了民族独立人民解放的基础

D. 赢得了近代以来中华民族反抗对敌入侵的第一次完全胜利

2. 过渡时期总路线的主体是（　　）。

A. 对农业的社会主义改造　　　　B. 对手工业的社会主义改造

C. 对资本主义工商业的社会主义改造　D. 实现国家工业化

3. 对资本主义工商业进行社会主义改造所采取的国家资本主义的高级形式有（　　）。

A. 加工订货　　　B. 统购包销　　　C. 公私联营　　　D. 公私合营

4.（　　）为中华民族的伟大复兴创造了政治前提。

A. 中华人民共和国的成立

B. 社会主义制度在中国的建立

C. 社会主义国营经济的建立

D. 改革开放政策的确定

5. 我国社会主义初级阶段始于（　　）。

A. 中华人民共和国的成立

B. 国民经济恢复任务完成

C. 对生产资料私有制社会主义改造的完成

D. "文化大革命"的结束

二、多项选择题（下列每题给出的四个选项中，至少有两个选项符合题目要求）

1. 从中华人民共和国成立到社会主义改造基本完成，是我国从新民主主义到社会主义的过渡时期。这一时期中国社会的阶级构成主要包括（　　）。

A. 工人阶级　　　　　　　　　B. 农民阶级

C. 民族资产阶级　　　　　　　D. 城市小资产阶级

2. 20世纪50年代中期，社会主义改造基本完成，标志着（　　）。

A. 社会主义制度在我国已经确立

B. 我国进入了社会主义初级阶段

C. 我国步入了社会主义改革时期

D. 我国实现了新民主主义向社会主义过渡

3. 1952年党中央在酝酿过渡时期总路线时，毛泽东把实现向社会主义转变的设想，由建国之初的"先搞工业化建设"再一举过渡，改变为"建设和改造同时并举，逐步过渡"，这一改变的原因和条件是（　　）。

A. 我国社会主义经济因素的不断增长和对资本主义经济的限制

B. 为了确定我国工业化建设的社会主义方向

C. 我国工业化建设取得了重大成就

D. 民主革命的遗留任务已经完成

4. 我国引导个体农民走向社会主义的几种过渡性质的经济组织形式有（　　）。

A. 私有制经济性质的个体经济

B. 社会主义萌芽性质的互助组

C. 半社会主义性质的初级农业生产合作社

D. 社会主义性质的高级农业生产合作社

5. 新民主主义时期，我国主要的经济成分有（　　）。

A. 社会主义经济

B. 合作社经济

C. 个体经济

D. 私人资本主义经济

三、辨析题（判断正误并说明理由）

1. 新中国成立以后，中国社会的主要矛盾是工人阶级与资产阶级、社会主义道路与资本主义道路的矛盾。

2. 和平赎买就是国家用一定数量的钱购买资本家的生产资料，将其变为公有制经济。

四、材料题(阅读下列材料,结合所学知识分析材料并回答问题)

材料 1

巴黎统筹委员会,简称巴统。1948年由美国发起,1949年11月正式成立。总部设在巴黎。巴统的宗旨是执行对社会主义国家的禁运政策。禁运产品有三大类,包括军事武器装备、尖端技术产品和战略产品。禁运货单有4类:①Ⅰ号货单为绝对禁运者,如武器和原子能物质。②Ⅱ号货单属于数量管制。③Ⅲ号货单属于监视项目。④中国禁单,即对中国贸易的特别禁单,该禁单所包括的项目比苏联和东欧国家所适用的国际禁单项目多500余种。

材料 2

1949年10月中华人民共和国建立到1952年底,是我国国民经济恢复发展时期,新中国采取了一系列方针政策和措施,恢复了被战争严重破坏的国民经济。但是,我国那时候还是一个落后的农业国,许多工业产品的人均拥有量远远低于发达国家。毛泽东对此有过一段形象的描述:"现在我们能造什么?能造桌子椅子,能造茶碗茶壶,能种粮食,还能磨成面粉,还能造纸,但是,一辆汽车、一架飞机、一辆坦克、一辆拖拉机都不能造。"

——摘自丁晨:《亲历中国共产党90年》,人民出版社2011年版,第312页

材料 3

1951年2月,中央召开政治局扩大会议,毛泽东提出"三年准备,十年计划经济建设"的思想。决定自1953年起,实行和发展国民经济的第一个五年计划,并要求立即着手进行编制五年计划的各项准备工作。

1952年5月,抗美援朝战争还在继续进行,党中央根据中财委提出的建议,确立了"边打、边稳、边建"的方针,并积极组织力量着手第一个五年计划编制工作。中央指出,今后的五年,即1953—1957年,是我国长期建设的第一个阶段,其基本任务是:为国家工业化打下基础,以巩固国防,提高人民的物质与文化生活,并保证我国经济沿着社会主义道路前进。

……1953年3月中下旬,苏联部长会议第一副主席米高扬代表苏联政府,对中共政府《一九五三年至一九五七年计划轮廓(草案)》提出了如下意见:①关于工业发展的速度,原定每年递增20%……②中国工业发展的主要障碍,是缺乏自己的专家和地质资料。这两项工作,必须做在其他工作之前。苏联的帮助可以减轻中国的负担,但毕竟很多工作要中国自己去做。设备不能完全进口,能生产的自己要生产,这样,既可以节省资金,又培养了技术力量。③中国"一五"计划,需要

大力发展手工业、小手工。手工业是增加财政收入和国民经济积累的来源之一。④要注意考虑农业。过去三年,中国是想土改,农业收获很大。但今后这样的重要条件没有了,就要另想办法保证农业的继续发展。要保证肥料,注意发展城乡交流……

——摘自宋劭文:《周总理和我国第一个五年计划》

(http://news.sina.com.cn/c/2006-01-05/10388780136.shtml)

材料4

工业化——这是我国人民百年来梦寐以求的理想,这是我国人民不再受帝国主义欺负不再过穷困生活的基本保证,因此这是全国人民的最高利益。发展部分集体所有制的农业生产合作社,以建立对农业和手工业社会主义改造的基础,基本上把资本主义工商业分别纳入各种形式的国家资本主义的轨道,以建立对私营工商业社会主义改造的基础。

——摘自《人民日报》,1953年1月1日社论

结合材料回答以下问题:

(1)我国进行社会主要改造的原因是什么?

(2)党在过渡时期提出的总路线的内容及其相互关系是什么?

五、论述题

如何看待社会主义改造的必要性和改造中的失误？其失误原因是什么？遗留下哪些问题？

第九章 社会主义建设在探索中曲折发展

第一部分 学习要点与知识拓展

一、学习要点

1. 学习目的

了解社会主义改造基本完成以后20年的历史发展,把握以毛泽东为代表的中国共产党人在经历严重挫折的同时,领导全国人民建设社会主义所取得的重大成就,在吸取经验教训的基础上,深刻理解只有从中国的实际出发,才能找到建设社会主义的正确道路,从而坚定走中国特色社会主义道路的信心。

2. 学习重点

了解1956年至1976年二十年间,以毛泽东为代表的中国共产党人探索中国社会主义建设道路的曲折历程,认识探索适合中国国情的社会主义建设道路的重大意义及经验教训。

了解以毛泽东为代表的中国共产党人在探索中国社会主义建设道路中所取得的初步成果,认识中国共产党在领导人民进行社会主义建设时,在经济、政治、文化、国防、对外关系、执政党的建设等方面所采取的方针政策。

3. 学习难点

以毛泽东为代表的中国共产党人在探索中国社会主义建设道路中所取得的积极成果及其现实意义。

正确分析社会主义建设道路探索中的失误及其原因。

4. 本章知识体系结构

本章知识体系结构如图9.1所示。

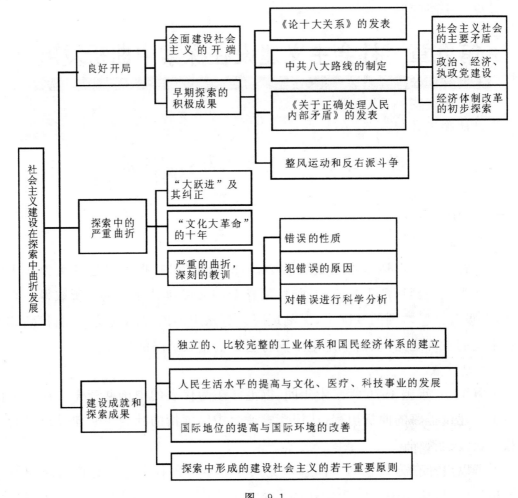

图 9.1

二、知识拓展

1. 知识之窗

《论十大关系》(节选)

毛泽东

最近几个月,中央政治局听取了中央工业、农业、运输业、商业、财政等三十四个部门的工作汇报,从中看到一些有关社会主义建设和社会主义改造的问题。综合起来,一共十个问题,也就是十大关系。

提出这十个问题,都是围绕着一个基本方针,就是要把国内外一切积极因素调动起来,为社会主义事业服务。过去为了结束帝国主义、封建主义和官僚资本主义的统治,为了人民民主革命的胜利,我们就实行了调动一切积极因素的方针。现在为了进行社会主义革命,建设社会主义国家,同样也实行这个方针。但是,我们工作中间还有些问题需要谈一谈。特别值得注意的是,最近苏联方面暴露了他们在建设社会主义过程中的一些缺点和错误,他们走过的弯路……现在当然更要引以为戒。

什么是国内外的积极因素?在国内,工人和农民是基本力量。中间势力是可以争取的力量。反动势力虽是一种消极因素,但是我们仍然要做好工作,尽量争取化消极因素为积极因素。在国际上,一切可以团结的力量都要团结,不中立的可以争取为中立,反动的也可以分化和利用。总之,我们要调动一切直接的和间接的力量,为把我国建设成为一个强大的社会主义国家而奋斗。

下面我讲十个问题。

一、重工业和轻工业、农业的关系

二、沿海工业和内地工业的关系

三、经济建设和国防建设的关系

四、国家、生产单位和生产者个人的关系

五、中央和地方的关系

六、汉族和少数民族的关系

七、党和非党的关系

八、革命和反革命的关系

九、是非关系

十、中国和外国的关系

……

——摘自《毛泽东著作选读》下册,人民出版社,1986年版,第720～721页

2.阅读书目

[1]毛泽东.建国以来毛泽东文稿.第6卷.北京:中央文献出版社,1992.

[2]金冲及.二十世纪中国史纲.第三卷.北京:社会科学文献出版社,2008.

[3]张化.回首"文革":中国十年"文革"分析与反思[M].北京:中共党史出版社,2014.

[4]贺谦.那年我们十六[M].北京:中国社会科学出版社,2011.

[5]赵丰."三面红旗"风云录.南宁:广西人民出版社,2011.

第二部分 答疑解惑

1. 中国共产党人在1956年至1957年的早期探索中对社会主义建设有哪些理论建树？

答案要点：

第一，《论十大关系》的发表，是以毛泽东为主要代表的中国共产党人开始探索中国自己的社会主义建设道路的标志。第二，中共八大路线的制定，为社会主义事业的发展和党的建设指明了方向。第三，《关于正确处理人民内部矛盾的问题》的发表对中国社会主义事业具有长远的指导意义。第四，执政党建设，是探索社会主义建设道路的新成果。

2. 为什么说毛泽东是探索中国社会主义建设道路的开创者？怎样正确认识和评价毛泽东的历史地位？

答案要点：

原因：毛泽东同志提出了指导我国社会主义建设的一些基本原则和指导思想：第一，我国社会主义建设的一些基本原则强调必须实行马克思主义与中国实际"第二次结合"的基本思想。第二，提出了社会主义社会矛盾学说。第三，阐明了社会主义建设的基本方针：关于社会主义的发展阶段，现代化建设的战略目标和步骤，经济建设应处理好的各种关系，民主政治建设的目标、内容，文化建设的方针，国防建设和军队建设的指导思想和方针，执政条件下党的建设。

认识和评价：第一，毛泽东是伟大的马克思主义者，是伟大的无产阶级革命家、战略家和理论家；他为党和人民解放军的创立和发展、各族人民解放事业的胜利、中华人民共和国的缔造，作出了重大的贡献；他领导党和人民在中国建立起社会主义基本制度，并对中国建设社会主义的道路进行了探索。第二，他在建设社会主义的探索过程中发生的错误，特别是"文化大革命"这样严重的错误，使中国的社会主义事业走了大的弯路。全面评价毛泽东的一生，功绩是第一位的。

第三部分 自主测试

一、单项选择题（下列每题给出的四个选项中，只有一个选项符合题目要求）

1. 新中国的工业化是在苏联的影响下起步的。走中国工业化道路，是中国共产党初步探索我国社会主义建设道路的一个重要思想。当时所讲的工业化道路问题,主要是指(   )。

  A. 中央和地方的关系问题

  B. 经济建设和国防建设的关系问题

  C. 沿海工业和内地工业的关系问题

  D. 重工业、轻工业和农业的发展关系问题

2. 1957年2月,毛泽东在最高国务会议(扩大)上发表《关于正确处理人民内部矛盾的问题》的讲话,强调指出(   )。

  A. 社会主义社会充满着矛盾

  B. 社会主义社会的基本矛盾仍然是生产关系和生产力之间、上层建筑和经济基础之间的矛盾

  C. 社会主义社会的矛盾可以通过社会主义制度本身得到解决

  D. 把正确处理人民内部矛盾作为国家政治生活的主题

3. 中共八大提出的我国经济建设的方针是(   )。

  A. 重点发展重工业   B. 综合发展

  C. 平衡发展   D. 在综合平衡中稳步前进

4. (   )在经济建设上打断了纠"左"的进程,造成了更加严重的国民经济比例失调;把党内正常的意见分歧当做阶级斗争来处理,党内民主生活遭到严重损害。

  A. 反右派斗争 B. 成都会议 C. 南宁会议 D. 庐山会议

5. 社会主义制度确立后,如何在中国这样一个经济文化比较落后的东方大国建设和巩固社会主义,是党面临的全新课题。1956年4月,毛泽东作了《论十大关系》的报告,在初步总结我国社会主义建设经验的基础上,从十个方面论述了我国社会主义建设需要重点把握的重大关系。"十大关系"所围绕的基本方针是(   )

  A. 集中力量向科学进军

  B. 调动一切积极因素为社会主义事业服务

  C. 既反保守又反冒进,在综合平衡中稳步前进

  D. 正确处理人民内部矛盾

二、多项选择题(下列每题给出的四个选项中,至少有两个选项符合题目要求)

1. 党和国家促进社会主义文化繁荣和科学进步的指导方针是(   )。

A. 百花齐放　　　B. 百家争鸣　　　C. 洋为中用　　　D. 古为今用

2. 在中共八大会议的发言中,陈云同志提出的(　　),成为突破传统观念、探索适合中国特点的经济体制的重要步骤。

A. 国家经营为主体,一定数量的个体经济为补充

B. 国家经营和集体经营是主体,一定数量的个体经营为补充

C. 计划生产是主体,一定范围的自由生产为补充

D. 国家市场是主体,一定范围的自由市场为补充

3. 1961年1月,中共八届九中全会决定对国民经济实行调整,其方针是(　　)。

A. 调整　　　B. 巩固　　　C. 充实　　　D. 提高

4. 下列属于人民内部矛盾的有(　　)。

A. 知识分子问题　　　　　　　B. 少数民族问题

C. 少数人闹事问题　　　　　　D. 与民主党派的关系问题

5. 以毛泽东为主要代表的中国共产党人,在处理与民主党派的关系时坚持的方针是(　　)。

A. 长期共存　　　B. 互相监督　　　C. 肝胆相照　　　D. 荣辱与共

三、辨析题(判断正误并说明理由)

1. 社会主义制度建立以后,我国政治生活的主题是正确处理人民日益增长的物质文化需要同落后的生产力之间的矛盾。

2. 1957年下半年以来中国共产党所犯的错误,特别是"文化大革命"的严重错误,是中国共产党在独立自主地寻找中国自己的社会主义建设道路的过程中发生的严重错误。

四、材料分析题(阅读下列材料,结合所学知识分析材料并回答问题)

材料1

……现在要来一个技术革命,以便在十五年或者更多一点的时间内赶上和超过英国。中国经济落后,物质基础薄弱,使我们至今还处在一种被动状态,精神上感到还是受束缚,在这方面我们还没有得到解放。要鼓一把劲。再过五年,就可以比较主动一些了;十年后将会更加主动一些;十五年后,粮食多了,钢铁多了,我们的主动就更多了……

——摘自《毛泽东传(1949—1976)上》,
中央文献出版社,2003年版,第762~763页

材料2

他们的庄稼真长得好,一片黑乎乎的要压塌地。虽然下面提出的万斤指标,今年不一定完全实现,但万斤社、万斤乡一定出现,可能不止一个。全县亩产三四千斤是有把握的。粮食单位产量从百斤到千斤,是个质变,从千斤到万斤,是更大的质变;这样高产量,从措施来看,也不外是水、肥、土、种、密等几条,但是具体执行这些措施中就有许多新东西需要研究。比如水和肥吧,他们的干法是大水大肥,让作物吃饱喝足,不给什么限制,不怕农作物闹"胃病"。

——摘自《人有多大胆,地有多大产》,《人民日报》,1958年8月27日

材料3

1958年8月,中央政治局在北戴河举行扩大会议,正式决定1958年钢产量要比1957年翻一番,达到1 070万吨,1959年达到2 700~3 000万吨。会后,为了在余下的四个月里(前八个月只生产钢400万吨)完成钢产量当年翻番达到1 070万吨的任务,在全国掀起全民大炼钢铁的群众运动。由各级党委第一书记挂帅,动员了几千万人(估计约九千万)上山,砍树挖煤,找矿炼铁,建起上百万个小土高炉、小土焦炉,用土法炼钢铁。一切现代化的大中型钢铁企业,也打破各种规章制度,大搞群众运动。

——摘自胡绳:《中国共产党七十年》,
中共党史出版社,1991年版,第352~353页

结合材料回答以下问题:

(1)根据材料1,2,3分析"大跃进"发生的原因。

(2)进行社会主义现代化建设,我们应该从中吸取哪些教训?

五、论述题

论述"文化大革命"发生的原因及其给后人的启示。

第十章 改革开放与现代化建设新时期

第一部分 学习要点与知识拓展

一、学习要点

1. 学习目的

了解"文化大革命"结束后中国在徘徊中前进的局面,深刻认识和理解中共十一届三中全会的伟大历史意义;了解中国特色社会主义道路开辟和发展的历史进程,认识中国共产党在社会主义初级阶段的基本理论、路线、方针和政策;了解改革开放和现代化建设取得的巨大成就,深刻认识走中国特色社会主义道路对于实现中华民族伟大复兴的意义,增强走中国特色社会主义道路的自觉性。

2. 学习重点

历史性的伟大转折和改革开放的起步。

改革开放的历史性突破。

改革开放和社会主义现代化建设的成就与经验。

3. 学习难点

了解真理标准大讨论的背景,认识其对于解放全国人民的思想、开创现代化建设新局面的重大意义。

掌握《关于建国以来党的若干历史问题的决议》中对毛泽东和毛泽东思想的科学评价,深刻理解其对于完成思想上的拨乱反正的重要意义。

4. 本章知识体系结构

本章知识体系结构如图10.1所示。

二、知识拓展

1. 知识之窗

安徽凤阳小岗村的故事

1978年,中国正处在历史转折关头。

第十章　改革开放与现代化建设新时期

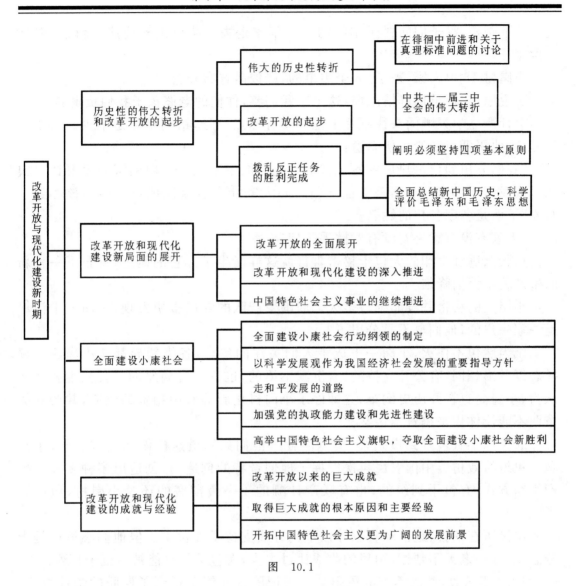

图　10.1

这年 12 月的一个冬日傍晚,安徽省凤阳县梨园公社小岗生产队,农民们和他们的儿女就着微弱的天光,埋头喝着稀饭。小岗是全公社乃至全县最穷的,这年夏收分麦子,每个劳动力才分到 3.5 公斤。干了一季的活,糊不了三天的嘴巴!全队 18 户,只有两户没讨过饭,一户是教师,一户在银行工作。这年秋天严俊昌当了队长,为了保命,小岗人偷偷地将土地包产到户。老人们为严俊昌等几个干部担心了,这样下去要犯事的。犯了事,坐了牢,孩子谁养?老婆谁养?让大伙开个会,立个誓,万一你们犯了事,让大伙管你们的老婆孩子。

放下碗筷,汉子们向村子中间的严立华家走去。队里没有公房,会议一般都在他家开。

小岗村18户人家,来了18个主事的,严俊昌宣布开会。

听说原委,社员们群情激愤:这个字我们签,你们的老婆孩子我们负责养。

会计严立学只顾闷头往纸片上记。没有标点符号,错别字却是不少。条子很快写完,他压低声音给大伙念道:

"我们分田到户每户户主签字盖章如此后能干不在(再)向国家伸手要钱要粮如不成我们干部作(坐)牢杀头也干(甘)心大家社员也保证把我们的小孩养到十八岁"下面是各家各户的姓名。

"大家有没有意见?没有?揿手印!"

这张揿满红手印的大包干秘密誓言就这样诞生了。它的诞生,宣布了一种新的生产关系悄悄降临。

小岗人的秘密并没能维持多久。周围生产队的农民很快发现,小岗人干活尽是一家一户的,他们莫不是分田了?

纸当然包不住火,小岗一下成了人们关注的焦点,各级领导都往小岗跑。领导态度各不相同,有公开支持的,有沉默不语的,也有非常恼怒的。公社主要领导认为,小岗简直在开历史倒车,立即停了小岗村化肥等农用物资的供应,共产党的东西不能让你用来搞资本主义。

农民却不管包产到户是姓"资"姓"社",他们只知道这样做能吃饱肚子,于是私下里纷纷效仿。中国农民再次发挥了他们奇特的创造力,创造出多种多样的生产组织方式,有包干到组的,也有联产计酬的……最彻底的还是小岗村,包产到了户!

小岗所在的县、地区和省领导以不同方式支持了大包干。但他们心里还是十分忐忑,万一老天不帮忙,田里的收成比过去少,大包干就可能被一棍子打死。

1979年秋收,茶饭不香的凤阳县委书记陈庭元终于得到了期盼的统计数字,全县粮食比1978年增产67%,油料增加1.4倍。

这一年,小岗生产队获得大丰收,粮食总产6万多公斤,相当于1955年到1970年15年的粮食产量总和,自1956年合作化以来第一次向国家交了12 488公斤公粮;小岗每间土坯屋里都堆满了粮食,人们兴奋得在粮食堆上打滚。每年都向国家打报告要救济粮的安徽省肥西县,这年却打报告要求扩建粮仓,他们有1/4的粮食没处存放。

丰收以后,滁州地委在凤阳召开了一次史无前例的"不讲话的现场会",全地区四级干部参加。与会者在小岗村和其他几个村愿看哪家就看哪家,愿找谁谈就找谁谈。结果可想而知,分歧统一了,争论平息了,犹豫者坚定了,大包干在滁州地区乃至整个安徽很快推开了。

1980年5月31日,邓小平同志一锤定音:"'凤阳花鼓'中唱的那个凤阳县,绝大多数生产队搞了大包干,也是一年翻身,改变面貌。有的同志担心,这样搞会不会影响集体经济。我看这种担心是不必要的。"

2．阅读书目

[1]胡绳．中国共产党的70年．北京:中共党史出版社,1991．

[2]中共中央党史研究室．中国共产党简史．北京:中共党史出版社,2001．

[3]中共中央党史研究室第三研究部．中国改革开放史．辽宁:辽宁人民出版社,2002．

第二部分 答疑解惑

1.什么是"两个凡是"?为什么要彻底否定"两个凡是"的错误方针?

答案要点:

"两个凡是"是在粉碎"四人帮"后,主持中央工作的华国锋坚持的错误方针。即:凡是毛主席作出的决策,我们都坚决拥护;凡是毛主席的指示,我们都始终不渝地遵循。"两个凡是"是"人治"的反映,不符合马克思主义,它使彻底纠正"文化大革命"错误的要求和愿望遇到严重阻碍,党和国家的工作出现了在徘徊中前进的局面。所以必须彻底否定。

2.为什么说中共十一届三中全会是新中国成立以来的伟大转折?

答案要点:

十一届三中全会彻底否定了"两个凡是"的错误方针,重新确立了解放思想、实事求是的指导思想,实现了思想路线的拨乱反正;果断地停止使用"以阶级斗争为纲"的口号,做出工作重点转移的决策,实现了政治路线的拨乱反正;形成了以邓小平为核心的党中央领导集体,取得了组织路线拨乱反正的最重要成果;恢复了党的民主集中制的优良传统,提出使民主制度化、法律化的重要任务;审查和解决历史上遗留的一批重大问题和一些重要领导人的功过是非问题,开始了系统清理重大历史是非的拨乱反正。这次大会结束了粉碎"四人帮"后两年在徘徊中前进的局面,揭开了我国改革开放的序幕,开辟了建设中国特色社会主义的新道路,标志着中国从此进入了改革开放和社会主义现代化建设的历史新时期。因此,党的十一届三中全会是新中国成立以来党和国家历史上的伟大转折。

3. "四项基本原则"的内容及意义是什么？

答案要点：

针对拨乱反正过程中出现的资产阶级自由化思潮，1979年3月30日，邓小平在理论工作务虚会上发表讲话，提出了坚持社会主义道路，坚持人民民主专政，坚持共产党的领导，坚持马克思列宁主义、毛泽东思想的四项基本原则。四项基本原则是实现四个现代化的根本前提，它的提出，对排除来自"左"的和"右"的方面的干扰和影响，保证改革开放和现代化建设事业的顺利进行，提供了可靠的政治基础，指明了正确的方向。

4. 邓小平关于农业改革和发展的"两个飞跃"的思想是什么？

答案要点：

邓小平多次讲过，中国社会主义农村的改革和发展会有两个飞跃，第一个飞跃是废除人民公社，实行家庭联产承包为主的责任制，第二个飞跃就是发展集体经济。社会主义经济以公有制为主体，农村也一样，最终要以公有制为主体。从长远的观点看，科学技术发展了，管理能力增强了，又会产生一个飞跃。农村经济最终还是要实现集体化和集约化。仅是一家一户的耕作，不向集体化集约化发展，农业现代化的实现是不可能的。

5. 我国改革开放和现代化建设有哪些基本经验？

答案要点：

第一，必须把坚持马克思主义基本原理同推进马克思主义中国化结合起来，解放思想，实事求是，与时俱进，以实践基础上的理论创新为改革开放提供理论指导。第二，必须把坚持四项基本原则同坚持改革开放结合起来，牢牢抓住经济建设这个中心，始终保持改革开放的正确方向。第三，必须把尊重人民首创精神同加强和改善党的领导结合来，坚持执政为民，紧紧依靠人民，切实造福人民，在充分发挥人民创造历史作用中体现党的领导核心作用。第四，必须把坚持社会主义基本制度同发展市场经济结合起来，发挥社会主义制度的优越性，和市场配置资源的有效性，使全社会充满改革发展的创造活力。第五，必须把推动经济基础变革同推动上层建筑改革结合起来，不断推进政治体制改革，为改革开放和社会主义现代化建设提供制度保证和法制保障。第六，必须把发展社会生产力同提高全民族文明素质结合起来，推动物质文明和精神文明协调发展，更加自觉、更加主动地推动文化发展大繁荣。第七，必须把提高效率同促进社会公平结合起来，实现在经济发展的基础上由广大人民共享改革发展成果，推动社会主义和谐社会建设。第八,必须把坚持独立自主同参与经济全球化结合起来,统筹好国内国际两个大局,为促进人类和平和发展的崇高事业作出贡献。第九,必须把促进改革发展同保持社会稳定结合起来,坚持改革力度、发展速度和社会可承受程度的统一,确保社会安定团结、和谐稳定。第十,必须把推进中国特色社会主义伟大事业同推进党的建设新的伟大工程结合起来,加强党的执政能力建设和先进性建设,提高党的领导水平和执政水平、拒腐防变和抵御风险能力。

第三部分 自主测试

一、单项选择题(下列每题给出的四个选项中,只有一个选项符合题目要求)

1. 1979年3月30日,邓小平在(　　)上发表的讲话中指出:四项基本原则是实现四个现代化的根本前提。
   A. 十一届三中全会　　　　　　B. 理论工作务虚会
   C. 十一届六中全会　　　　　　D. 十二届三中全会

2. 1992年1月18日至2月21日,邓小平先后视察(　　)等地,发表了著名的南方讲话。
   A. 武昌、深圳、珠海、上海　　　B. 深圳、珠海、汕头、上海
   C. 武昌、深圳、珠海、广州　　　D. 武昌、深圳、上海、广州

3. 党的十八大报告提出为确保实现全面建成小康社会的宏伟目标,到2020年,在实现国内生产总值比2010年翻一番的同时,还要实现翻一番的是(　　)。
   A. 城乡居民人均收入　　　　　B. 城乡居民可支配收入
   C. 国民收入　　　　　　　　　D. 财政收入

4. 2003年10月,胡锦涛在(　　)上,正式提出了坚持以人为本、全面协调可持续的科学发展观。
   A. 十六届二中全会　　　　　　B. 十六届三中全会
   C. 十六届四中全会　　　　　　D. 十六届五中全会

5. 2013年6月,中国国家主席习近平与美国总统奥巴马在美国加州安纳伯格庄园会晤时,将中美新型大国关系的内涵概括为(　　)。
   A. 共同发展、合作共赢、友好伙伴、相互尊重
   B. 加强对话、增加互信、发展合作、管控分歧

C. 不冲突、不对抗、相互尊重、合作共赢

D. 相互尊重、平等互利、密切协作、相互支持

二、多项选择题（下列每题给出的四个选项中，至少有两项符合题目要求）

1. 1980年5月，中共中央决定在（　　）设立经济特区，采取多种形式吸引和利用外资，学习国外的先进技术和经营管理方法。

    A. 深圳　　　　B. 珠海　　　　C. 汕头　　　　D. 厦门

2. 1985年2月，中央决定把（　　）开辟为沿海经济开放区。

    A. 长江三角洲　　　　　　　　B. 珠江三角洲

    C. 黄河三角洲　　　　　　　　D. 闽南三角地区

3. 1992年初，在关乎中国改革开放和社会主义现代化建设前途命运的关键时刻，邓小平在视察武昌、深圳、珠海、上海等地时，发表了重要谈话，谈话的主要内容有（　　）。

    A. 革命是解放生产力，改革也是解放生产力

    B. 不坚持社会主义，不改革开放，不发展经济，不改善人民生活，只能是死路一条

    C. 走社会主义道路，就是要逐步实现共同富裕

    D. 计划多一点还是市场多一点，不是社会主义与资本主义的本质区别

4. 科学发展观，第一要义是发展，核心是以人为本，基本要求是（　　），根本方法是统筹兼顾。

    A. 实事求是　　B. 全面协调　　C. 改革创新　　D. 可持续

5. 2014年2月27日，十二届全国人大常委会第七次会议通过决定，将9月3日确定为中国人民抗日战争胜利纪念日，将12月13日确定为南京大屠杀死难者国家公祭日，设立这两个纪念日（　　）。

    A. 彰显了中国作为反法西斯主要战场的伟大贡献

    B. 是对抗击日本帝国主义侵略付出巨大牺牲和作出巨大贡献的人们的敬重和缅怀

    C. 是对南京大屠杀中大量死难同胞的告慰和尊重

    D. 有助于向中国人民和世界各国人民传播历史事实的真相

三、辨析题（判断正误并说明理由）

1. 废除人民公社体制后，我国农村都实行了以分散经营为主的家庭联产承包

责任制,统一经营的集体经济成为历史。

2.科学发展和社会和谐是内在统一的。

四、材料分析题(阅读下列材料,结合所学知识分析材料并回答问题)

材料1

1910年,上海人陆士谔在幻想小说《新中国》里记载了一个神奇的梦,梦中主人公随时光穿梭,看到"万国博览会"在上海浦东举行,为方便市民参观,上海滩建成了浦东大铁桥和越江隧道,还造了地铁,工厂中的机器有鬼斧神工之妙,租界的治外法权已经收回,汉语成了世界通用的流行语言……最后梦中人一跤跌醒,却言道:"休说是梦,到那时,真有这景象也未可知。"

1920年,孙中山先生完成《建国方略》一书,书中提出了修建三峡水利、建设高原铁路系统等宏伟设想,构想了工厂遍地、机器轰鸣、高楼大厦矗立城乡、火车轮船繁忙往返的现代化景象,描绘了"万众一心,急起直追,以我五千年文明优秀之民族,应世界之潮流,而建设一政治最修明、人民最安乐之国家"的愿景。

1935年,方志敏在《可爱的中国》中写道:"中国一定有个可赞美的光明前途……到那时候,到处都是活跃的创造,到处都是日新月异的进步,欢歌将代替了悲叹,笑脸将代替了哭脸,富裕将代替了贫穷,康健将代替了疾苦,智慧将代替了愚昧,友爱将代替了仇杀,生之快乐将代替了死之悲哀,明媚的花园,将代替了凄凉的荒地!这时,我们民族就可以无愧色地立在人类的面前,而生育我们的母亲,也会被最美丽地装饰起来,与世界上各位母亲平等地携手了。""这么光荣的一天,决不在辽远的将来,而在很近的将来。"

——摘自《经济日报》,2012年12月12日

材料2

2012年11月29日,中共中央总书记习近平到国家博物馆参观《复兴之路》展览,在十九世纪末列强割占领土、设立租借地、划定势力范围示意图前,在鸦片战争期间虎门的大炮前,在反映辛亥革民的文物和照片前,在《共产党宣言》第一个中文全译本前,在《中国共产党的第一个纲领》等反映中国共产党成立的文物和照片前,在李大钊狱中亲笔自述前,在中华人民共和国第一面五星红旗前,在党的十一届三中全会照片前,习近平不时停下脚步,认真观看,仔细询问和了解有关情况,在参观过程中,习近平发表了重要讲话,他提出,每个人都有理想和追求,都有自己的梦想,实现中华民族伟大复兴。

结合材料回答以下问题:

(1)为什么说"实现中华民族伟大复兴就是中华民族近代以来最伟大的梦想"?

(2)为什么说"现在我们比历史上任何时期都更接近中华民族伟大复兴的目标"?

五、论述题

十一届三中全会以来中国特色社会主义事业取得了哪些主要成就?取得这些成就的根本原因是什么?